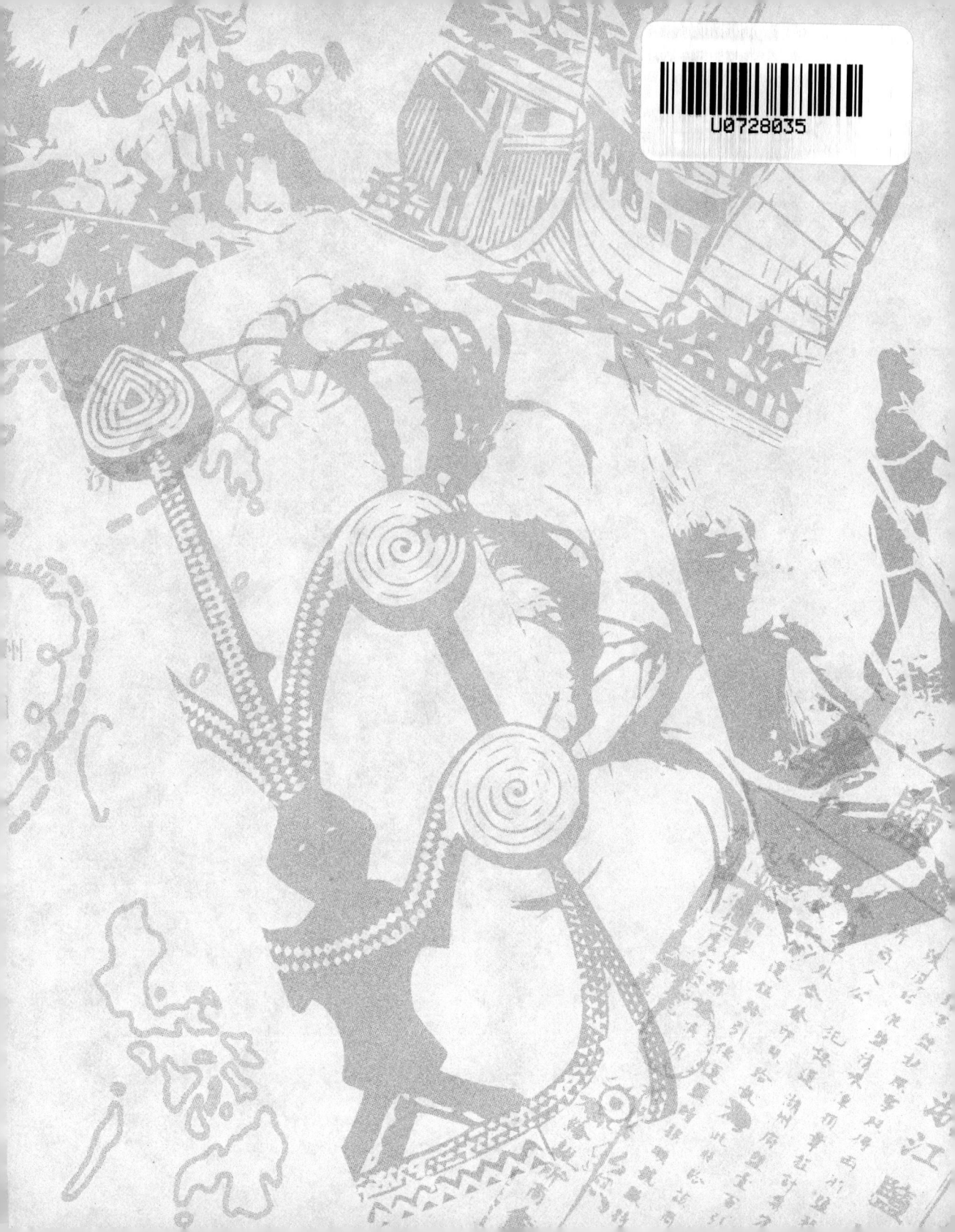

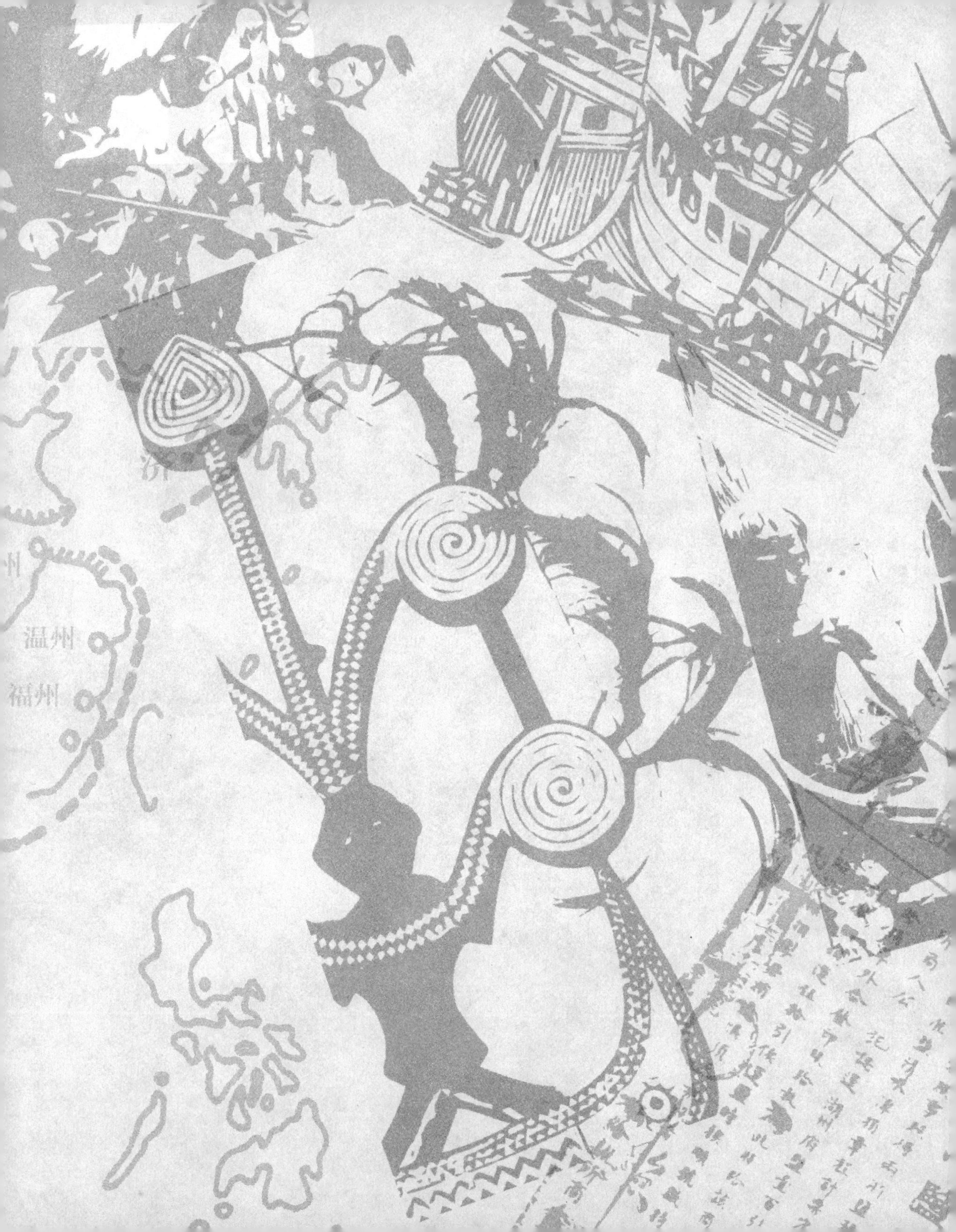
温州
福州

国家出版基金项目
NATIONAL PUBLICATION FOUNDATION

古港春秋
ANCIENT PORTS

曲金良 ◎ 主编

文稿编撰 / 田新科
图片统筹 / 韩洪祥

中国海洋大学 出版社
CHINA OCEAN UNIVERSITY PRESS

中国海洋符号丛书

总 主 编　盖广生

学术顾问　曲金良

编委会

主　任 盖广生

副主任 杨立敏　曲金良　李夕聪　纪丽真

委　员（以姓氏笔画为序）

朱　柏　刘宗寅　纪玉洪　李学伦　李建筑　何国卫　赵成国

修　斌　徐永成　魏建功

总策划

杨立敏

执行策划

李夕聪　纪丽真　徐永成　王　晓　郑雪姣　王积庆　张跃飞

吴欣欣　邓志科　杨亦飞

写在前面

向海而立，洪涛浩荡，船开航兴，千帆竞进，一幅壮丽的海洋画卷跃入眼帘。

俯仰古今，从捕鱼拾贝、聊以果腹，到渔盐之利、舟楫之便，与海相依的族群，因海而生的习俗，我们的祖先与海洋结下不解之缘。

抚今追昔，贝丘遗址，海味浓郁。南海Ⅰ号，穿越古今。一把盐，可以引出背后的传奇；一艘船，可以展现先进的技术；一条丝路，可以沟通东西方文化……

中国海洋文明灿烂辉煌，中国海洋文化源远流长，中国海洋符号精彩纷呈。

本丛书上溯远古，下至清末，通过海洋部落、古港春秋、海盐传奇、古船扬帆、人文印记、海上丝路、勇者乐海，呈现积淀深厚的海洋符号。

海洋部落。勤劳智慧的人们谋海为生，在世代与海洋的互动中形成了独具族群特色的海洋信仰、风俗习惯。人们接受浩瀚大海的恩赐并与之和谐相处，创造了海神传说、渔家服饰、捕鱼习俗等海洋文化成果。

古港春秋。我国绵长的海岸线上，大小港口众多。历经沧桑的古港，见证了富有成效的中外交往历程；繁华忙碌的航线，展现了古代海洋经济的辉煌成就。

海盐传奇。悠久的盐区盐场历史、可煎可晒的制盐工艺、传奇的盐商故事、丰富的盐业遗产，成就了海盐这一特殊的海洋符号。阅读海盐传奇，一窥海盐业发展的轨迹，明晰海盐文化的脉络，感知海盐与人类生存的息息相关。

古船扬帆。没有船舶与航海，中国历史上就不会有徐福东渡和郑和下西洋，也不会有惊心动魄的海战，更不会有繁盛的海上丝绸。回望文献中的海船、绘画中的海船、出水的海船遗物，探寻古代造船与航海的发展轨迹，回味曾经辉煌的历史。

人文印记。历史长河中，中华民族以海为伴，与海洋相互作用，留下许多珍贵的海洋文化遗产。以沿海城市为基点，与海洋相关的历史地理、神话传说、景观习俗等，经久不息，流传至今。

海上丝路。先民搭起木船、扯起风帆，开辟海上丝路。南海航线、东海航线，航路不断拓展。徐福东渡、遣唐使来华，中外人士相互交流。丝绸、瓷器、茶叶，中华瑰宝随船西行。玉米、辣椒、香料，舶来品影响华夏生活。"一带一路"，续写丝路新篇。

勇者乐海。读史品人，以古鉴今。随着早期海洋意识的觉醒，我国历史上的"乐海勇者"，巡海拓疆，东渡传法，谋海兴邦，捍卫海疆。他们不畏艰险，勇于探索，开拓进取，弘扬了中华民族的海洋精神，唤起了全社会的海洋意识，建设海洋强国的宏伟目标因而得以逐步实现。

中国海洋文化既富独特性，又具包容性，不仅是中国文化不可分割的部分，也是世界海洋文化的重要组成。中国拥有怎样的海洋文化，孕育出了哪些海洋符号，从中能探索到哪些海洋文化精神？这套书会带给你启迪。

好吧，来一次走近中国海洋符号、探寻中国海洋文化的精神之旅吧！

前　言

我国自古就有灿烂的海洋文明。先秦时期人民就已经学会了如何利用海洋，"渔盐之利，舟楫之便"便是对此最好的概括。沿海的人们通过海洋获取食物，通过海上贸易创造财富。从汉代开始兴起的海上丝绸之路更是大大加深了中国与日、韩、东南亚、印度洋沿岸等国家和地区在外交、经济、文化等方面的交流与联系。海上生产、贸易、交流都不开船舶，扬帆远航的船舶又离不开港口。港口是陆地与海洋的交汇点，港口既是出海生产、对外交往、海上贸易的终点，同样又是起点。

我国自古以来就有许多优良海港。先秦时期已有碣石、转附、琅琊、会稽、句章五大海港。两汉时期开辟了从徐闻、合浦南下印度洋的海上丝绸之路。魏晋南北朝时期中国与东南亚的交往更加密切，交州港和广州港得到了极大发展。隋唐时期的广州、扬州、泉州、明州是驰名中外的中国四大港口。同时，北方的登州港成了东北亚中日韩交流贸易的重要枢纽。宋元时期南方的泉州港大放异彩，北方的密州板桥镇一枝独秀。明朝初期以郑和下西洋的三大始发港南京港、太仓刘家港、长乐太平港最为出名。明朝中后期，宁波双屿港和漳州月港也曾短暂辉煌。清朝实行一口通商，十三行垄断了清政府的对外贸易，广州港成为对外贸易的唯一港口，一港独盛。

在漫长的帆船航海时期，中国沿海地区一直是海上活动最为发达的地区之一，沿着数万里的海岸自北往南形成了数量众多的大小港口。这些港口的规模不尽相同，有的是能容纳数千艘船只的巨型海港，有的是仅能容纳三五艘渔船的小型海口。这些海港的用途和功能也不尽相同，有的以经贸为主，有的军事色彩浓重，有的政治意义突出。各个港口又由于其所处的时代背景、地理位置、港口自身状况等因素的差异走上了不同的发展道路：有的昙花一现，很快消亡；有的早期兴起，长期延续发展，如今仍是著名的港口。

中国是个港口大国，全球十大港口，八个在中国。如今的港口建设，应该继承和发扬古代港口优秀的文化遗产，走向更加辉煌的明天！

目录

黄海古港

南海古港

莱州虎头崖———
海上长城

渤海古港

　　渤海是我国的内海，它位于辽东半岛以南、华北平原以东、山东半岛以北，三面环陆。环渤海地区历史悠久，拥有灿烂的海洋文明，涌现出以碣石港、天津港、莱州港为代表的古代海港。碣石港是古代燕国的通海门户；唐代时是我国北方重要的海运基地，保证了镇守在山海关地区的将士们的物资供应。天津港靠近北京，有"京畿门户"之称，是南北漕运的重要枢纽。莱州港位于莱州湾的东侧，是我国古代著名的军港，是隋唐水军出征的大本营之一。今天环渤海经济圈已经初步形成，以天津港为代表的渤海沿岸港口正在快速崛起，续写新的辉煌。

东观沧海——碣石港

碣石港现称为秦皇岛港。秦皇岛地区位于渤海西北部、河北滨海平原的东北侧，拥有"天下第一关"——山海关以及风光秀丽的避暑胜地北戴河。秦皇岛港风小浪低、不冻不淤、海域开阔，是我国古代北方的一处重要海港，历史上先后被称为碣石港（隋唐之前）、平州港（隋唐）、马头庄港（明清）等。如今这里已成为我国综合性的国际贸易口岸，是世界上最大的能源输出港和散货港。

碣石古港

提及秦皇岛港的历史，还得从古碣石、碣石古港谈起。它们的历史可以追溯到中古、上古甚至远古时代。对于"碣石"和"碣石港"，现在的人们可能觉得有点儿陌生，但在古代，它们却因其重要的战略地位和优越的水陆交通条件而闻名天下。我国的一些重要古籍，如《尚书》《史记》《汉书》《三国志》《资治通鉴》等，其中都有关于碣石的记载。

我国古代对于碣石港位置所在观点不一，大体可以归纳为专指、泛指两种说法。专指说主要有北戴河金山嘴说、秦皇岛南山说和黑山头止锚湾说。认为碣石港在北戴河金山嘴的研究者认定，燕昭王的碣石宫就修建在这里，他的入海求仙船队也是从这里出发的。认为碣石港在秦皇岛南山的学者，根据明成化十三年（1477）在这里所立"秦皇求仙入海处"的石碑，认定这里是秦始皇当年派遣方士入海求仙的始发地。泛指说者认为，秦皇岛沿海一带地形狭长，海岸多低山岬角，有不少天然优良港湾，如戴河口、金山嘴、秦皇岛、山海关老龙头及止锚湾等，这些港湾都是舟楫停泊的场所，而碣石港应是附近沿海一带舟船停泊处的统称。

燕国的通海门户

殷商时期，碣石港是孤竹（商代的一个方国，位于秦皇岛地区）向商王朝输送贡物的水陆交通枢纽，也是商王朝对北方各少数民族进行征讨、贸易和集输贡物的口岸，舟楫进出频繁，贡使往来不绝。武王伐纣建立周王朝后，开始重视海上交通，以获取鱼盐之利。碣石沿海一带，渔盐业发达，也是周朝同北方民族地区联系的主要通道，因而倍受重视。

春秋战国时期，燕国是渤海北部的一个小国，经常遭到北方少数民族的侵扰。齐国是当时的东方大国，航运发达，并建立了一支强大的水师。齐桓公为了称霸，以"尊王攘夷"为口号，联合各诸侯国讨伐北方蛮夷。在讨伐山戎的过程中，齐国的水军部队沿着渤海北上，从碣石附近登陆，促进了碣石港的发展。燕国出于政治、军事上的需要，也大力发展水军力量，碣石港遂成了燕国最重要的水军基地。

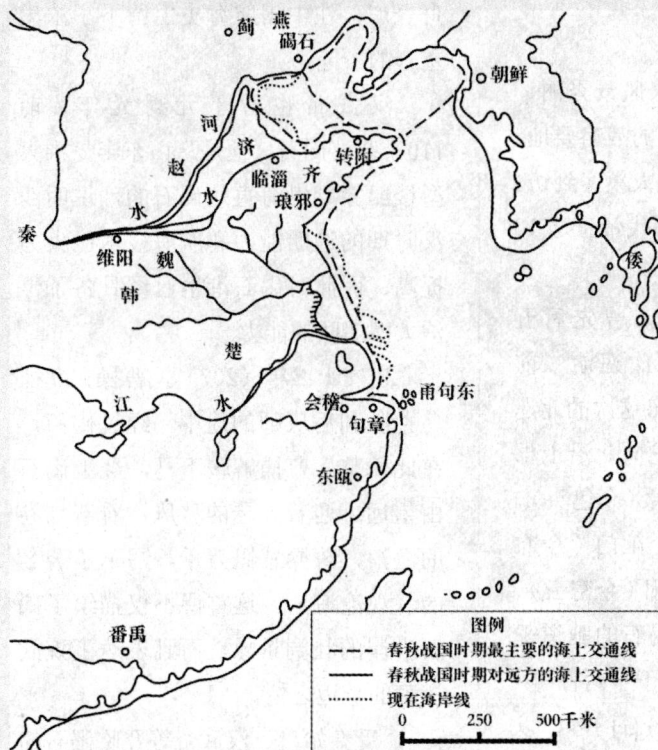

春秋战国时期碣石港航线（出自《秦皇岛港史》古、近代部分）

碣石港是燕国都城通往山东半岛、辽东半岛、朝鲜的重要通道。当时已经有从碣石港出发，沿渤海海岸绕行至山东半岛再到东南沿海的航线，以及绕至辽东半岛再到朝鲜、日本的航线。甚至出现了从碣石港到转附港（今烟台）的横渡渤海的直达航线，大大减少了海上航行时间，加强了地区之间的交流。

帝王登高望海处

秦皇岛地区自古以来风景秀丽、环境优美，加上位于重要的战略要地，吸引了许多帝王将相、文人墨客到访。据统计，到过秦皇岛的历代帝王达10余位。

秦始皇统一六国后，曾先后五次巡游天下，其中第四次巡游（前215）就到了碣石。秦始皇这次的北巡路线，大致是由咸阳出发向北沿上郡（今陕西榆林县南）过九原（今包头），经云中（今呼和浩特）、雁门（今右玉）、上谷（今怀来）、渔阳（今密云）、右北平（今蓟县）到达碣石的驰道干线。秦始皇到碣石后主要干了两件事：一是登碣石山观海，刻碣石门辞，以宣扬他一统四海的功德；二是寻找入海求仙的方士。秦始皇曾派徐福入海求仙，但没有结果；后又在燕地"考入海方士"。燕地和齐地一样拥有许多懂得航海之术的方士，韩终、卢生、侯生便是从碣石港出发前往海外求仙的。公元前209年，秦二世胡亥在李斯的陪同下也来到了碣石，临海远望，刻石纪念，之后便从碣石率领一支庞大的船队沿海岸南下，直到会稽方离舟登岸，在中国航海史上留下了浓墨重彩的一笔。

汉武帝也曾于元封元年（前110）北巡碣石。他是从山东半岛乘大型楼船穿越渤海直达碣石的，说明西汉时期的造船能力和航海技术已大为提高，而此时碣石港也已经具备了停泊大型船队的能力。

建安十二年（207），曹操在北征乌丸胜利后班师的途中，经过碣石，在此休整。曹操解鞍下马，登上碣石山望远。迎着萧瑟的秋风，看着翻卷的海浪，曹操感慨万千，写下了著名的《观沧海》。这首诗不仅描绘了碣石沿岸的壮阔景象，而且表达了魏武挥鞭的豪迈之情。

受秦始皇、汉武帝等登临碣石的

影响,之后北魏文成帝、北齐文宣帝、隋炀帝、唐太宗等也先后到过碣石。当然,他们来的目的不是出于入海修仙或游山玩水,更多的是出巡或外出征战时路过。清王朝是从山海关南下进入中原的,康熙、雍正、乾隆、道光等皇帝在回奉天(今辽宁沈阳)祭祖时,都会路过秦皇岛并在这里驻跸,登上澄海楼一览海上的壮阔景象。

北方重要的海运基地

南北朝时期,冯跋建立北燕之后,为恢复经济发展、扩大兵源、壮大势力,下令在碣石附近建造海船,并于义熙十年(414)率船队沿漳河溯流而上,从其祖居地运送5000余户军民泛海来到北燕都城。这次海上移民活动,表明了当时碣石港已有了相当发达的海上运输业和造船业。

隋朝曾先后四次攻打高丽。碣石港当时发挥了重要作用。大业十二年(616),隋炀帝第一次发兵攻打高丽,总兵力100余万,水陆并进,而专门从事物资供应的人员更是超出了军队人数的一倍。当时水兵主要从登、莱两港出发,运输船则从东莱、碣石等地输送。当时运送粮草的船只在海上首尾相接达数百里,《资治通鉴》说是"近古出师之盛,未之有也"。

曹操观沧海

唐朝对碣石的海上运输也十分重视。贞观十九年（645），唐太宗征讨辽东，碣石沿海一带成为重要的造船中心和军粮储备基地。据记载，在唐太宗征辽东的过程中，参战的水军达7万余人，从事海上运输的水手、船工达3400余人。由此可以看出当时海运的繁盛。但由于渤海多大风，时常引发海难，唐代的海船多采用沿渤海湾航行的路线。

宋朝时期，碣石一带基本上处于辽、金的控制之下。由于宋、辽（后期宋、金）双方对峙、战争的影响，碣石港与山东半岛及东南沿海的海上活动经常中断，海上运输处于停歇状态。

元朝建立后，定都大都（今北京）。元大都所需的物资大多是从江南通过运河漕运输送过去的。但运河漕运的输送量有限，不能满足大都的需求，于是元代统治者开辟了海运路线，且"终元之世，海运不衰"。元代大规模的海运，主要从刘家港（今江苏太仓）运至直沽（今天津）后再转运至大都。至元二十年（1283），因漕运的粮食严重不足，也出现过由碣石运粮至大都的情况。之后随着海运的发展，部分运输船只从直沽分流向北航行至碣石沿海一带卸载，碣石沿海一带因而成了重要的转运基地，自宋朝以来长期萧条的航运业又繁荣了起来。

隋唐时期的人工码头——平州港

隋唐时期，因大举用兵高丽，海上军事运输出现"舳舻相次千里，昼夜不绝"的景况，使碣石港不堪重负。为减轻碣石港的压力，朝廷在临河近海的平州修建了泊岸（码头），使其成为古碣石港的一个辅助港。

平州港是在秦皇岛地区首次出现的古代大型人工码头，在此之前出现的均为天然港湾。码头建筑布局合理，于卢龙城西门外，南北向，呈顺岸式，全部为条石加砖的夯土结构。岸壁全部由长5～6尺、高1尺6寸、宽2尺的条石砌筑，共6层，全高不足1丈。每两块条石为一个间隔，中间条石横向摆放。码头平面条石连接处皆用铁榫固定。岸壁内侧底部用长城用砖筑成地基，高5尺，宽4尺，上部全部夯土。平州港码头既可用于靠泊，又可在玄水汛期起到护城作用。其出现打破了碣石地区只有自然港湾的局面。唐朝为加强对渤海北岸和平州港的海运管理，对镇守河北道的藩镇节度使又加以河北道"海运使"官衔，这从一个侧面说明了碣石海港和平州泊岸在海上交通运输方面拥有重要的地位。

明代北方的转运码头——马头庄港

明洪武十四年（1381），徐达奉命经略北方边备，在秦皇岛沿海地区设立山海关等卫，设山海卫指挥使司。第二年十二月，置山海卫从榆关迁至今天的山海关，并动工筑山海关卫城；

平州港码头建筑结构图 （出自《秦皇岛港史》古、近代部分）

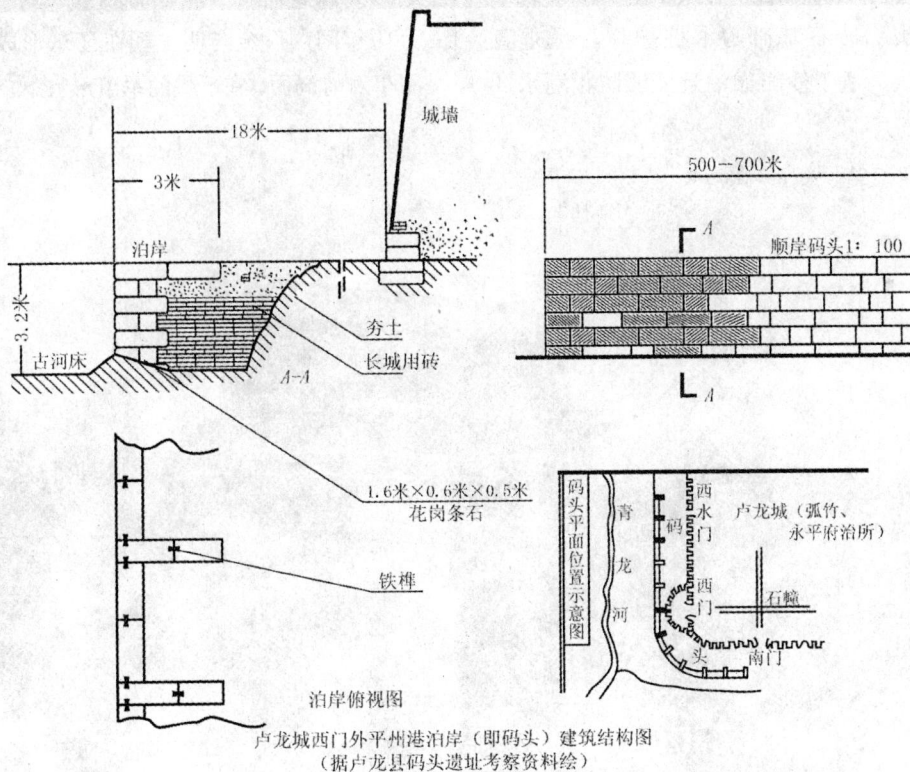

卢龙城西门外平州港泊岸（即码头）建筑结构图
（据卢龙县码头遗址考察资料绘）

同时，在关城西南的潮河口筑马头庄港，就近接卸、储存、转输由海运而来的大量筑城物资和粮饷。

马头庄港是碣石港的辅助港，也叫作山海关港，位于山海关西南的潮河口两岸，东岸泊船处距老龙头1千米，西岸泊船处距北关城西南角的山海仓2.5千米，南距海口500米，西距秦皇岛12.5千米，是一个典型的海湾型河口港。马头庄港为顺岸式码头，砖石基础，木桩护岸，呈垂直状，适于沙船靠泊且能够防止潮水冲刷。略高出地面的码头土台子为夯土结构。河宽10～30米，稍加疏浚，500～1000石的粮船乘潮进出即可通行无阻。这种码头施工周期短、造价低，可较快投入使用。

从洪武十四年（1381）到永乐十三年（1415），马头庄港建成后的前34年是它的鼎盛时期。之后随着军屯政策的实施，山海关附近的军粮需求大大减少，马头庄港的运量大减。万历年间，后金与明王朝在辽东形成军事对峙局面。在严峻的军事形势下，

天下第一关——山海关

8

明王朝"竭尽四海之物"以供应北边要塞的物资需求，当时仅山海关一地集结的兵力就达十三四万，秦皇岛沿海一带海运粮饷的船队急剧增加。为适应这种形势，泰昌元年（1620），明政府下令疏浚、整修马头庄港，开通了天津通往辽东的水运线路。天启元年（1621），从秦皇岛沿海各港转输至辽东、辽西各地的物资就达216万石，转输能力大大超过了明初鼎盛时期的水平。

清朝建立后，马头庄港的运货量急剧下降。顺治十六年（1659）实行海禁后，马头庄港几乎处于停运状态。康熙二十二年（1683），清政府放宽海禁政策，允许民间装载量500石以下的船只进行贸易往来，马头庄港重新恢复了同沿海各港的正常往来。咸丰（1851—1861）之后，马头庄港久不疏浚，逐年淤塞，航运逐步向自然条件优越的秦皇岛港湾转移，促成了以商业为主的近代秦皇岛港的崛起，而马头庄港自身便成了历史遗迹。

近代中国政府的自开口岸

近代中国沿海港口有约开口岸和自开口岸之分。前者为列强通过不平等条约胁迫中国政府对外开放的；后者由中国政府自主宣布开放。秦皇岛港就是近代中国政府的自开口岸。1895年，中日甲午战争后，中国丧失了原有沿海港口的主权。无奈之下，清政府准备在秦皇岛自开通商口岸。1898年3月26日，总理衙门向光绪皇帝补奏《添开秦皇岛口岸折》，正在筹划维新变法的光绪皇帝当即批复："依议。"6月10日，在东盐务村成立了开平矿务局秦皇岛经理处，开办运输业务。清政府主动开辟秦皇岛通商口岸，翻开了秦皇岛港历史新的一页。1900年，八国联军入侵中国，英国趁机攫取了开平煤矿和秦皇岛港。此后近50年，秦皇岛港沦为帝国主义列强掠夺中国资源的出海口，直到新中国成立后，才又回到了人民的手中。

天子渡口——天津港

天津位于华北平原的东部，北倚燕山，东临渤海，有"京畿门户"之称。天津港地处渤海湾的西侧，位于海河的入海口，是环渤海地区与华北、西北等内陆地区直线距离最短的海港。天津港历史悠久，在沟通中国古代南北贸易及保证北京的物资供应方面发挥了重要的作用。

曹操北征的遗产

东汉末年，曹操为了统一北方，在华北平原各自独立入海的沽水、治水、泒水、滹沱水及清河之间开凿了一系列的运渠，打通了整个海河流域的航道。

建安九年（204），曹操北征袁绍，为运送军士和粮草而开凿了白沟。淇水从此不再流入黄河，而是被引流入白沟。此举使得白沟具备了通航能力，曹操北征的船舶可以轻松地沿白沟进入洹水，直逼邺城（今河北临漳），大大加速了战争的进程。袁绍溃败后，其残余势力投奔东北部的乌桓。曹操

随即率军北征乌桓。

自建安十一年（206）起，曹操又先后开凿了平房渠、泉州渠和新河渠。白沟渠、平房渠、泉州渠、新河渠的开凿以及各水道的连通，使得华北地区第一次出现了纵贯南北的水路运输线。在曹操战胜乌桓、消灭袁绍残余

三国时期海河航运示意图
（出自《天津港史》古、近代部分）

势力、基本统一北方的过程中，这条水路运输线发挥了重要的作用。

华北平原上的干渠修通后，清河便改道向北，与沽水汇合而入海。过去单独入海的滹沱水、漳水被清河拦截，向北汇入泒水。这就使得华北平原上的各大河之间能够相互连通，并在今天的天津合流入海，海河水系由此形成。天然的水道和人工运渠，构成了以天津地区为中心、以海河为主体的内河航运网，极大地加强了海河流域的交通和交流，为以后的天津港提供了广阔的内陆腹地。

"云帆转辽海"——
唐代军粮城港的兴起

军粮城位于今天津市东丽区，从唐代开始兴起，是古时兵家必争之地，具有极高的军事价值。军粮城海港位于永济渠、滹沱河和潞河三水汇流入海处，唐代的《通典》称它为"三会海口"的出海口。江南的大批漕运军饷在此储存转运，使这里成为天津地区最早的海港。

唐初幽燕地区处于边防重地，有重兵戍守。据《旧唐书》记载，当时范阳节度使掌管的幽州拥有兵士91400人、军马6500匹。这么多的兵士和军马，所需粮草仅靠当地的供给是远远不够的，大部分粮食都要从南方地区运来。当时，除了通过河运从永济渠往北运送粮食的航线外，还有由江淮地区经山东半岛到达天津港的海上航线。杜甫曾在《后出塞》其四中写道："渔阳豪侠地，击鼓吹笙竽。云帆转辽海，粳稻来东吴。"之后，他又在《昔游》一诗中提到这条海上航线："幽燕盛用武，供给亦劳哉。吴门转粟帛，泛海凌蓬莱。"海运的军粮运到天津港后，再北上进入蓟运河，然后再运至渔阳（今北京密云西南）。为了避免海上风险，唐神龙二年（706），易州刺史姜师度在军粮城附近修浚了连接海河和蓟运河的平虏渠，这样蓟运河便和永济渠相通，河运船只便不必入海，海运船只也可经军粮城入平虏渠然后到达渔阳了。至此，"三会海口"成为向渔阳地区转运粮草的枢纽。

从军粮城进入平虏渠再到蓟运河这一段航行是逆水行舟，航行困难，运量较低，于是将士们便在军粮城修建粮仓，先储存下南方运来的粮食，然后再转运至渔阳。这样一来，"三会海口"便成了停泊漕船、囤积军粮的重要港口。

今天人们在军粮城遗址发现了大量唐代的陶器和瓷器碎片，其中数量最多的是唐代早期的青釉瓷碗。在遗址的东南部还发现了多处唐代墓葬，曾出土过带有青龙白虎浮雕的大理石棺，以及唐朝时期非常流行的铜镜、胡人俑、明器等。由此可见，唐代军粮城绝非穷乡僻壤，而是当时沿海转运军饷的港口名镇。

唐代军粮城遗址出土文物

"连樯集万艘"——
元代直沽海运漕粮的盛况

直沽为古地名。金、元时称潞（今北运河）、卫（今南运河）二河汇合处为直沽，在今天津市内狮子林桥西端旧三岔口一带。元延祐三年（1316）

设立海津镇，明永乐二年（1404）修筑天津城，是为沟通南北漕运的重镇。

"安史之乱"以后，由江南海运输入的物资逐渐减少，军粮城便衰落了。北宋时期宋、辽以白沟（今大清河及海河一线）为界，沿河对峙。军粮城一带成为宋辽对峙的军事前线，港口处于停顿状态，丧失了南北转运的功能。北宋庆历八年（1048），黄河北迁夺海河入海，海岸线向东移至"三岔口"处，军粮城作为海港的历史至此结束。北宋时期，"三岔口"附近就有了三女寨、小南河寨、双港寨、泥沽寨、田家寨、当城寨等防御性便寨。到了金代，"三岔口"发展成为军事要地。直沽寨处于"三岔口"的水路要津，潞水、御河合流向东注入渤海。金灭辽后，于贞元元年（1153）将都城从东北迁到中都（今北京市），天津遂成为转运京都宫廷、军民所需粮食的枢纽。作为京畿的门户，天津迅速发展起来。

元朝大兴漕运，最初以河运为主。由于河运粮草不能满足大都需求，至元十九年（1282），朱清、张瑄率众在上海修造平底船60艘，载粮食46000石从海上到达直沽，开辟了海运航线，漕运从此实行河、海并运。自第一次海运航行成功后，从江南到直沽的海上航线总共变了3次。其中，最有名的是至元三十年（1293）由殷明略开辟的第三条海运航线。这条海上航线由位于今江苏太仓的刘家港出发，经过崇明岛向东驶入黑水洋，绕过成山头转西，经至刘公岛、登州及沙门岛，穿过渤海，驶入界河，然后沿河行至直沽及杨村码头。走这条航线的航期不超过10天，比之前开辟的两条航路分别缩短了航期40天和30天。这是当时往返江南地区和天津间的最佳航线。

直沽寨位置图　（出自《天津港史》古、近代部分）

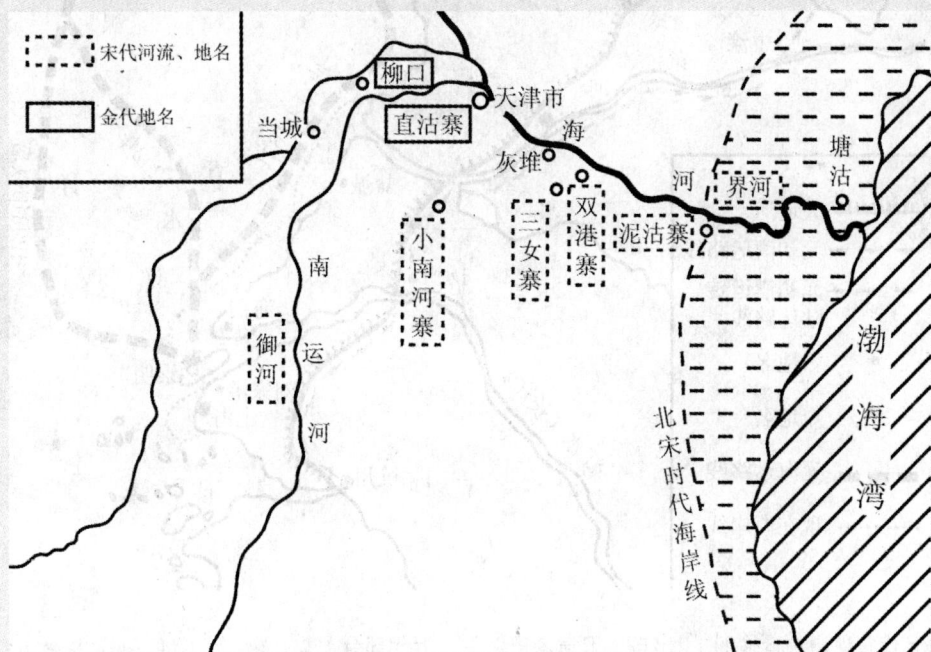

图例	
宋代河流、地名	
金代地名	

当城　柳口　直沽寨　天津市　海河　灰堆　三女寨　双港寨　泥沽寨　界河　塘沽　御河　南运河　小南河寨　北宋时代海岸线　渤海湾

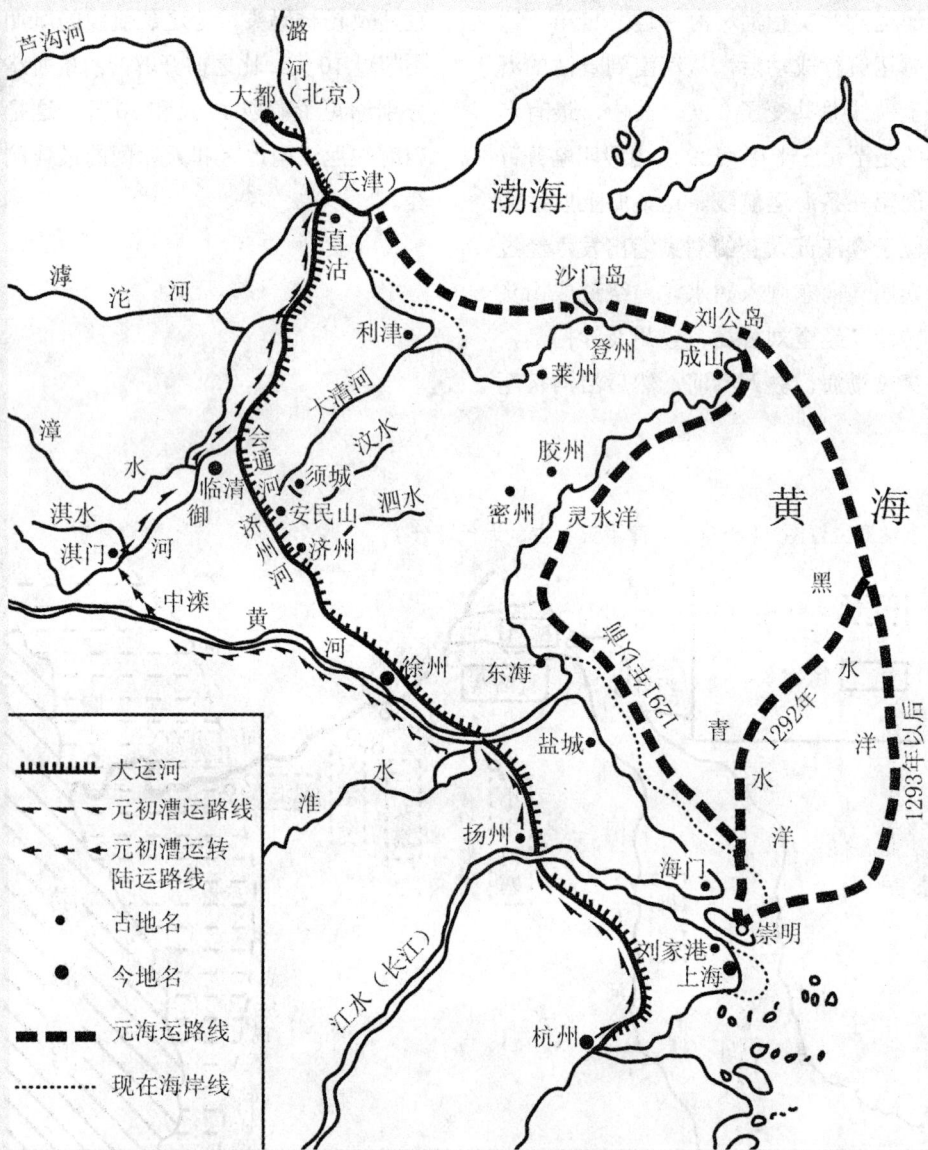

元代直沽漕粮运输图 （出自《天津港史》古、近代部分）

元代对直沽河道的疏通治理，促进了海运的持续发展。当时有船户8000余名，海船900余艘，常年转运漕粮300万～350万石。在漕运繁忙的时期，从军粮城至杨村五六十千米的河岸边停着上千艘漕船，出现了"晓日三岔口，连樯集万艘。转粟春秋入，行舟日夜过"的繁忙景象。漕船到达直沽后，所载漕粮一部分换装驳船转运至通州，然后运到北京，另一部分就在当地储存起来。因此，直沽港既是海船、驳船的装卸交接点，又是储存漕粮的地方。至元十六年（1279），在潞河尾闾建造广通仓；至元二十五年（1288），增置直沽海米仓。当时，直沽设置的储粮仓约占京师、通州粮仓总数的2/5，由此可见当时直沽港的巨大规模。随着漕运规模的扩大，元政府也加强了对漕运的管理，中统四年（1263），设漕运河渠司，负责修筑河坝、疏通河道，以保证河、海运粮。至元二十二年（1285），又设海道万户府，专门负责管理海上运输。

南北枢纽、京畿门户——
明清时期天津港的繁荣

据史料记载，建文元年（1399），燕王朱棣以"靖难"为名，从北平（今北京）发兵，与其侄子建文帝争夺皇位。朱棣率兵从直沽渡河南下，直取沧州，最终攻下南京，夺取了皇位。雄才广略的朱棣深知，直沽作为南北漕运的要冲，地理位置极为重要。永乐二年（1404），明政府在直沽设卫、筑城。朱棣为了纪念"靖难之役"的胜利，将此地命名为"天津"，意为"天子经由之渡口"。

20世纪60年代初，人们在天津南门外大街发现了一座明代嘉靖年间所立的"修建三官庙碑"。碑载："夫天津小直沽之地，古斥卤之区也。我朝成祖文皇帝，入靖内难，圣驾尝由此渡沧州，因赐名曰天津，筑城凿池，而三卫所立焉。"此碑详述了天津赐名、筑城、设卫之经过，也证实了相关史籍的记载。

明成祖朱棣迁都北京后，便开始在北京大兴土木，当时修造宫殿所需的物资，有很大一部分就是从天津港

明成祖朱棣画像

运送来的。永乐五年（1407），明成祖派大臣宋礼到全国各地采木，征调了工匠 20 多万、民夫上百万。四川、湖广、江西、浙江等地的木材源源不断地运至天津，再从天津转运至北京。修建皇宫所用的琉璃砖瓦，大多是临清烧制，然后经大运河输往天津，再转运至北京。

由于北京和北部边防部队对物资的需求量不断增多，南粮北运更加频繁，使得天津港的漕粮运输又有了新的发展。明代是天津发展的重要时期，永乐初年建城设卫，人口逐渐增多，南、北运河航线空前繁忙，码头、仓库大量建立，盐运也有了进一步的发展，天津港遂成为北方商旅来往的重要港口。明代的漕运，准许漕船附载私物，并且不征税，这使得大量的土特产和南方货物得以进入天津，促进了天津民间贸易的繁荣。

清代沿袭明制，漕船同样可以携带私货沿途贸易，同时规定商船可载两成的免税货物。乾隆年间开放"海禁"，南方的商船大量运载粮食、瓷器、玉器、药品、香料及南方水果进入天津，洋货也开始随船流入。当时天津港附近甚至出现了"洋货街""针市街"等专门出售南方及外国商品的街道。道光年间，随着漕运和商业的发展，天津发展成以海河两岸为中心的拥有 20 万人口的商业城市。当时，来往于天津港的商船络绎不绝，呈现出一片繁盛景象。

近代天津港

第二次鸦片战争战败后，清政府被迫于 1860 年与英、法等国分别签订了《北京条约》，天津被划为通商口岸。随后，各国纷纷沿海河设立租界，并修建石块和木桩结构的简易码头。当时驶入天津的各国船舶，由于数量极多且运载量大，多停泊于天津城东南水位较深、海潮可以到达的紫竹林，此处遂被称为"紫竹林租界码头"。随着紫竹林租界码头的发展，天津港的规模和职能发生了巨大变化，传统的中国帆船逐步为西方大型轮船取代，单一的漕粮、土产品为主的河运贸易也逐渐为多样的、以外贸洋货为主的海运贸易取代。

1901 年《辛丑条约》签订后，西方列强凭借不平等条约所获取的特权，重新在天津划分势力范围，在海

17

河两岸出现了包括英、法在内的九国租界，所占土地达 2.3 万亩，超过天津旧城区的 7 倍。租界划定之后，西方列强即在占据的海河两岸开始了新码头的扩建工程。为了适应船舶大型化的新形势，英、法、俄、德等国还纷纷在海河下游的塘沽抢占地盘、修筑码头，形成了与紫竹林租界码头并存的海河深水河段码头区。

英租界码头

海上要塞——莱州港

莱州，旧称掖县，位于山东省的东北部、渤海莱州湾的东南部。莱州有着悠久的历史，莱州港是我国古代北方重要的军事要塞和转运基地。

楼船将军从齐浮海

山东半岛和朝鲜半岛的航运联系可追溯至新石器时代的大汶口、龙山文化时期。据史书记载，西周时期，武王封箕子于朝鲜，建立了箕氏朝鲜。箕氏朝鲜存在达千年之久，其时朝鲜半岛的局势一直比较稳定。山东半岛和辽东半岛、朝鲜半岛及日本沿海上航路是畅通的，登州、莱州和朝鲜半岛诸港的交通更是频繁的。有大批移民为了躲避战国末期的战争，或为了逃避秦代繁重的苦役，从登州、莱州等港渡海前往辽东和朝鲜。

汉武帝时期，卫氏朝鲜出兵征讨和汉朝有密切关系的真番和辰韩，甚至背弃盟约，攻打辽东，破坏了朝鲜半岛与汉王朝的陆上和海上通道。这也使得登州港和莱州港对辽东、朝鲜的海上交通被迫中断。因此，卫氏朝鲜的动向成为汉武帝所关心的问题。汉元鼎五年（前112）、元封元年（前110）、元封二年（前111），汉武帝多次东巡。汉武帝在东巡过程中到过东莱，后代莱州名胜中保留的汉武幸台和三山亭相传都是当时的遗迹。《莱州府志》记载："三山亭在府城北，世传汉武帝时建，以其可望海中蓬莱、瀛洲、方丈三山，故名。"亲临海上，对渤海航路进行实地考察——汉武帝的巡幸活动有多种目的。据学者研究，其中之一便是为讨伐朝鲜做准备。

特别是元封二年，汉武帝在东莱地区停留的时间长达四个月之久，回京后即在当年秋天发动了对朝鲜的征讨。史书记载："天子募罪人击朝鲜。其秋，遣楼船将军（将军名号。汉武帝时置，统率水军出征）杨仆从齐浮渤海，兵五万人。"可见率队进攻朝鲜的水路将领是楼船将军。而楼船将军是汉朝水军的高级将领，其率领的船队是非常先进的。当时水路军有5万之众，如此规模较大的海船每船载千人计，光是运兵船就得有 50 多艘，由于还要配备各种类型的其他用途的船舶，船队应该十分庞大。一时登州、莱州港战舰集结，场面相当壮观。

汉朝军队兵临城下后，经过一年左右的围困和外交攻势，朝鲜发生内变，战争宣告结束。汉帝国即在朝鲜半岛设四郡，直属汉朝中央政府管辖。东莱地区的海外交通得以开通和发展，和辽东、朝鲜半岛等地又恢复了往日的交流。

隋唐远征高丽

隋、唐两代曾数次攻打高丽。山东北部沿海是当时水师战船的主要基地，在军运的刺激下，莱州港得到了新的发展。

开皇十八年（598），高丽王率领万余人侵扰大隋，隋文帝遂派水路部队 30 万攻打高丽。水军部队从登、莱各港出发，但在海上航行时遇到了风暴，损失严重。大业七年（611），隋炀帝命令幽州总管元弘嗣在东莱海港建造 300 艘大型海船，并以东莱地区作为主要基地准备出征。第二年，隋炀帝下达了进攻高丽的命令，当时号

称有兵马百万。隋炀帝派右翊大将军来护儿统率水军，其战船在登莱一带海域集结，远征高丽。然而，各地风起云涌的农民起义打乱了隋炀帝东征高丽的计划，并最终导致了隋朝的灭亡。

唐朝建立之后，汲取了隋朝因长期对外征战激起国内民众反抗而灭亡的教训，采取了"安定国内，睦邻外疆"的政策，造就了 20 多年的太平盛世，唐朝的国力也随之大增。唐贞观十六年（642），朝鲜半岛北部的高丽和西南部的百济两国联合起来攻打南部的新罗。新罗以"贡道受阻"为由，向唐朝求援。唐太宗李世民便派遣使者前往劝说高丽王，不料却遭到了拒绝。贞观十八年（644），唐太宗御驾亲征，从长安来到登莱沿岸，发兵十万攻打高丽。贞观二十二年（648），唐太宗又造战船，并在登、莱两港训练水师，准备发兵 30 万攻打高丽。次年太宗病故。显庆五年（660），唐高宗又派苏定方率兵 10 万，海陆配合，与新罗合力攻破百济，并终于在总章元年（668）消灭高丽。唐朝发动的征朝战争持续了 20 多年，军粮和物资运输消耗巨大。当时朝廷在登、莱港口建仓，储存大

量粮食，军需物资也从登莱沿岸港口运输，使得山东半岛沿海经常呈现出千帆竞发的局面。

东海神庙位于莱州市区西北9千米，始建于汉征和初年（前92），占地面积40多亩，规制等同于山东曲阜孔庙。从唐代开始，除南宋以外，历代朝廷都在莱州祭祀东海神。宋代初年对东海神庙进行了重修，此后历代多次对东海神庙进行修复与扩建。元代通过海运的方式从江南向大都运送粮食，莱州是海运沿线的重要中转

东海神庙大型祭海祈福活动

地，在东海神庙以北有着当时著名的"朱王仓"。官员们大多在海神庙进行祭祀活动，以祈求海运的安全。明代对东海神的祭祀被纳入国家祀典，每年春、秋致祭。新皇帝即位之时，都会派遣官员到莱州祭祀东海神。清代每遇对外用兵、皇帝即位、重大灾害等事件时，都会派遣官吏到莱州祭祀东海神。20世纪初，东海神庙逐渐成了远近商客进行贸易的场所。每年四月初三、六月十三、十月初三的海庙庙会，人山人海，热闹非凡。1946年，东海神庙遭到拆除，祭海仪式和庙会停办。近些年来，附近村民在每年的庙会日都会自发地在东海神庙遗址处举行祭海仪式。

北方重要的军粮基地

明代时，莱州港是重要的水军基地，在援助朝鲜抗击倭寇入侵的过程中发挥了重要的作用。

明万历二十年(1592)，日本丰臣秀吉率领军队大举入侵朝鲜，朝鲜国王请求明政府派兵援救。明政府先后两次援朝，前后派兵达20余万，终使日本侵略者的阴谋破灭，取得了援

朝抗日斗争的巨大胜利。由于明万历二十年是壬辰年，因此这次战争也被称为壬辰战争。当时战争爆发以后，军粮供应成为决定战争走向的重要一环。朝鲜北方多崇山峻岭，加上日军的侵扰破坏，陆路运输困难，因而大多数粮草及其他军用物资要通过水路运抵朝鲜。山东沿海的登、莱两地由于距朝鲜很近，因此在海运中地位非常突出，成为当时运粮、运兵的重要基地。为了确保海运粮食的供应，明政府采取了两项措施，一是在山东沿海各处大力屯田，以此来供应援朝明军的军粮开支，二是将内陆各地的粮食先转运到登、莱，然后再由登、莱通过海运支援朝鲜。

莱州港是北方军粮的重要输送港。明代人梁梦龙在其《海运新考》中记载莱州有三山岛、芙蓉岛、海神庙后、虎头崖和海仓口五处港口，其中，三山岛和芙蓉岛只可停泊50余只小船，算是小型港口，一般不作为军港使用，只有海仓口具有很大的吞吐能力，明朝从山东向辽东和天津等地运送军事物资，经常以海仓口为出发基地。《明史·海运》记载："饷辽莫如海运，海运莫如登莱。盖登、莱度金州六七百里，至旅顺口仅五百余里，顺风扬帆一二日可至。"由此可见莱州港在明代的军事运输方面发挥了相当大的作用。

今日虎头崖渔港

今日莱州港

军事色彩的淡去

虎头崖镇隶属于今山东烟台的莱州市，位于莱州市西南部。隋唐时期，虎头崖港曾是座军港，是隋朝东征高丽进行军事输出的海上桥头堡。隋炀帝曾派著名将领来护儿在此镇守，并兴修了防御工事，使得虎头崖军港成为当时的海上要塞。

清朝末期，莱州港军事地位逐渐下降，商业性却愈发凸显。清同治元年（1862），虎头崖港正式开埠通商，之后便设立了海关、电报局及商会事务所。由于水路运输与陆路运输相比具有成本低、利润空间大的优势，因此各地客商纷至沓来。北面从大连驶来的货轮运来布匹、煤油等日用百货，从安东（今辽宁丹东）驶来的船只运来东北大豆、豆饼、高粱、煤炭、木材等货物。之后，胶东地区的草编、牛皮、石磨和碑石等商品，也通过这里源源不断地输往京津、东北。到20世纪二三十年代，莱州港已成为山东北部一个重要的贸易中转港。

登州港出水的元金华窑瓷罐

黄海古港

　　黄海处于中国大陆与朝鲜半岛之间，北段与渤海相连，南段与东海相连。黄海地区有着以登州港、密州港、扬州港、刘家港等为代表的众多古港。登州港是古代东方海上丝绸之路的起点，并留下了有着"中国最早的海军基地"之称的蓬莱水城。密州港有着"航海者避风供水之福星"之称，港阔水深，是优良的天然港口。扬州港是我国古代重要的商港之一，是唐代与日本、新罗、高丽、百济等国家通商的主要口岸，并和南亚、西亚的许多国家和地区有友好往来。刘家港是古代南北海运的起点和郑和七下西洋的出发地，享有"天下第一码头"的盛誉。

中原门户——登州港

登州位于山东半岛的北部,与辽东半岛隔海相望。登州港历史悠久,从先秦时期起就一直是中国古代北方的重要港口。这里是与东北亚地区交流贸易的桥头堡,并在沟通南北海运及拱卫北方海疆等发面发挥了重要的作用。

登州港的历史沿革

唐武德四年(621),置登州,以文登为治所。唐景龙元年(707),登州治所移至蓬莱,领蓬莱、黄县、文登、牟平四县。宋代登州沿袭唐制。明初设立登州府,治所在蓬莱,下辖宁海州、蓬莱县、黄县、福山县、栖霞县、招远县、莱阳县和文登县。清代沿袭明制。第二次鸦片战争后,登州开放为通商口岸。1862年,治所由蓬莱迁往烟台。登州位于山东半岛,是与辽东半岛及朝鲜半岛进行海道交通的起点,盛产鱼、盐。

从古至今,山东半岛以其三面临海的独特优势,始终在中国海防与对外贸易中发挥着重要作用。登州港是山东半岛最北部的海港,也是古代山东半岛乃至全国著名的海港。

登州古港是包括港口外诸岛的广义上的概念,有着悠久的历史。这里最初只是一个天然港湾,在登州的府治迁到蓬莱之后才开始称为登州港。登州港的兴起可以追溯到东周时期。当时山东半岛的齐国,经济发达,贸易兴盛,比较重视海上军事和贸易的发展。据史料记载,齐国的海盐业、渔业等在当时相当发达,是东方的一大强国。齐景公曾经在海上游玩数月,说明当时的航海技术已经初具规模。

秦帝国一统天下后,秦始皇崇尚仙道,梦想可以长生不死、永享富贵。据《史记》记载,秦始皇曾经多次东巡求仙,第一次东巡到达的就是现在的烟台一带,并且由海路到达崂山和琅琊台等地。秦始皇的出巡极大地促进了山东半岛沿岸的发展。

汉武帝也曾多次东巡海上,入海求仙,活动范围主要在登州一带。汉武帝不仅派人入海求仙,而且对求仙所乘船只的下落、求仙的结果也亲自过问，甚至还曾随船出海，亲自"登蓬莱，结无极"。

东汉灭亡后，魏、蜀、吴三国鼎立，登州港为曹魏所管辖。三国中孙吴的海上势力最盛。孙吴曾派水师沿水路到达登州港以攻击曹魏，曹魏采取水陆合攻的战术大败吴国。孙吴之所以选择进攻登州港，主要是因为登州港强大的航运功能和突出的战略地位。曹魏很注重海疆的发展，登州港也是当时曹魏的海上军事基地。曹魏与日本等国的交流往来，都是通过登州港进行的。

东晋十六国时期，北方各民族政权混战不休，经济被破坏，但是登州港却在各政权的竞争下得到了进一步发展。之后的南北朝时期，登州港继续发展，不仅是和朝鲜等地的交流枢纽，也成为和南方交流的重要港口。

唐宋时期，经济繁荣，山东的水陆交通得到了长足的发展。唐朝北方最主要的航运港口即登州港。它是和朝鲜半岛、日本等地进行交流的重要起点。尤其是隋、唐两代连年对朝鲜发动征服战争，使得山东半岛北部成为当时最主要的军事基地，登州港的军事地位随之变得非常显著。北宋时期由于，国力衰弱，对外战争不断失利，登州港也随之逐渐衰落。

明代时倭寇兴起，频繁骚扰大明海疆。登州成为明朝打击倭寇势力的北方重镇，战略地位十分重要。清朝建立后实行严厉的海禁政策，闭关锁国，登州港和其他港口一样，受到了前所未有的打击，港航活动停滞。

北方海上贸易的重镇

登州港作为中国古代北方的主要港口，不仅具有重要的军事地位，其贸易活动也十分发达。登州港的海上贸易可以追溯到两汉，三国时进一步发展，到隋唐时达到顶峰。

隋朝时，朝鲜半岛的百济与隋朝交好，不仅派遣使者前来学习，还向隋朝进贡通商，双方的贸易交流都是通过登州港进行。隋朝与日本的贸易往来也十分频繁，经常通过登州港向日本输送中国的丝织品、瓷器等物品。

登州港的对外贸易在唐朝时达到顶峰。当时新罗统一了朝鲜半岛，并且加强了与唐朝的贸易往来，双方的贸易量越来越大，来往船只络绎不绝。

贸易物品大多是朝鲜的貂皮、人参等，和唐朝的丝绸、铜器等。而登州港是双方进行贸易的一个重要港口。此外，唐朝与日本的贸易也十分繁荣。中国人喜爱日本的玉器和香料，而日本则需要唐朝的丝绸和药材。双方的密切来往通道共有三条，其中一条便是通过登州港。登州港因而成为唐朝重要的进出口贸易中心，大量的物资在这

里进出。通过登州港及东方海上丝绸之路，中国的丝绸和丝绸制造技艺、造纸技术和各类书籍传到了朝鲜和日本，而朝鲜的貂皮等特产、日本的玛瑙和金漆等物品，也都传入了中国。

宋代时，辽东的女真族曾通过登州港将战马进贡给宋朝，宋朝也回赠了许多物品。这种进贡与回贡其实也是一种特殊的贸易。后来随着实力逐

登州港海道图 （出自《登州古港史》）

登州港出水的日本铜钱"宽永通宝"

渐强大，辽国不断侵扰登州港，登州港的贸易便无法正常继续，走向了衰落。随着宋辽军事冲突的加剧，宋朝不断加强边防，于庆历二年（1042）在蓬莱城北设置了"刀鱼寨"以操练水军，登州港的贸易功能为军事功能所取代。

元朝时，人们通过海运的方式向大都运送漕粮。漕运的起点是刘家港，终点是直沽，虽然海运路线发生了几次大的变动，但登州港一直是南北漕运的必经之路，这里便成了南北海运的粮食重要转运港和集散地。据《元史》记载，当时海运鼎盛时期每年运送漕粮的船只近万艘，运送漕粮的水手、兵士达10余万人。

明清时期，较之于贸易，登州港更为突出的是在海防上的作用，加之明清较长时间实行海禁政策，登州港的贸易慢慢衰落了。但这里的民间贸易仍有着较大的发展。当时来自辽东、山东、江苏、浙江等地的商人在登州买卖鱼虾、猪肉、米、豆、果品、瓷器、布匹等。据考古发现，在蓬莱水城港池曾出土大量陶瓷器，这些陶瓷器来自江西景德镇、福建建阳窑、河北磁州窑、河南诸口窑等处。

中国最早的海军基地——蓬莱水城

蓬莱是山东历史文化名城，位于山东省东北部。汉元光二年（前133），汉武帝东巡，"于此望海中蓬莱山，因筑城以为名"。唐贞观八年（634），始置蓬莱镇。唐景龙元年（707），登州治所从文登移到蓬莱。明洪武九年（1376），登州升登州府。因古代登州的治所大部分时间位于蓬莱，所以人们常把蓬莱称为登州。

人们对蓬莱的了解，更多的来自诗歌和神话传说。在诗歌中，蓬莱总是风景秀丽，人杰地灵；在神话传说中，蓬莱是仙人们的居住地，八仙过海的故事就发生在这里，这里就是所谓的"蓬莱仙境"。其实，蓬莱不仅有着神奇的海上仙境，而且有着一座雄伟壮阔的"水上城市"——蓬莱水城。蓬莱水城即蓬莱港。

蓬莱水城，唐代称蓬莱镇，宋代改名为刀鱼寨，明朝又称备倭城，今

蓬莱水城复原模型

30

则更名为水城。蓬莱水城是古代著名的军港要塞，也是国内现存最完整的古代水军基地，于1982年被列为"全国重点文物保护单位"。

早在新石器时代晚期，蓬莱城的北部因为自然的地壳运动形成了一个半封闭的天然水湾。这个水湾的西南是紫荆山，南面是庙山，西北面依靠着丹崖山和田横山，东北则是高台地，因此形成了蓬莱三面环山、一面邻水的地理形势。倚赖着南面庙山的黑水和密水的补给，经过十几万年的演变，登州蓬莱湾大体成型。至唐武德四年（621），唐朝在山东设置了登州，以文登为之所；景龙元年（707），登州的州治迁到了蓬莱，并正式称为登州港。蓬莱水城有着很好的地理位置，加上地处北温带，沿海地区温差较小，为航运提供了良好的条件。

蓬莱水城从唐代开始迅速发展。宋代时，出于防范辽人的军事需要，在蓬莱水城设了"刀鱼寨"，设刀鱼巡检，负责与辽人作战。自此开始，蓬莱水城的军事防卫功能不断强化。到了明朝洪武年间，在水城的北面砌上了水门，南边则修建振扬门，并修土墙将城围住，名称也被改为"备倭城"。万历二十四年（1596），于土城墙面砌以砖石，东西北三面则又修筑了三座箭楼，至此蓬莱水城的大致规模确定下来。

水城的建筑工程分作两大部分：一是南筑城墙，修建陆地门；二是北辟海口，修建通海水门。水城的设施可分为两大部分：一是海港设施，包括以小湾为中心的防波堤、水门、平浪台、码头等；二是陆地设施，包括城墙、炮台、陆地门、营房、指挥所，灯楼等。二者共同构成了一个进退自如的海岸军事防御体系，平时驻扎水军，停泊船舰，操练水师；战时进则随时出击敌人船舰，退则可以据城固守。此后明代多次在此训练士兵，抵御倭寇，并且还曾采取措施进一步完善蓬莱水城的攻防工事。清代乾隆、道光、同治等朝也都曾多次修缮蓬莱水城，使之在抵御外侮方面起到了重要作用。

今天的蓬莱水城坐落于山东省蓬莱市城北丹崖山的东麓。经过多年的努力修复，古时的城墙、炮台、校场等景观已得以重现，我们可以从这些建筑中领略到当年蓬莱水城的雄伟姿态。

烟台港的兴起

作为古代山东半岛最重要港口的登州港，在明清以后，随着港口的自然淤积和政府海禁政策的打压，已经渐趋衰败。昔日的繁华不在，登州港衰落的同时，烟台港在近代迅速崛起，取代登州古港成为山东半岛北部的经济重心。

烟台港海滩平缓，易于船舶停靠，冬季海面很少结冰。烟台有着广阔的内陆腹地，物产富饶，加之对外交通便利，因此发展很快。早在开埠之前，就有诸多外国商船登陆烟台港，作为南北航线的"中转港"，在此补充燃料及必需品。1859 年，从烟台港进口的洋货中，仅英、美棉纺织品就达 2 万包。英、法侵略者都觊觎着烟台港这块肥肉。第二次鸦片战争后，清政府被迫于 1861 年开放了烟台港，并设立了东海关，开启了烟台对外通商的进程。烟台被迫开埠后，侵略者通过烟台港向中国倾销西方的货物，客观上也促进了烟台港的发展。烟台港开始直接和外国通商贸易，这在山东半岛是前所未有的。在开埠后的几年，烟台的进出口贸易风生水起，很快就发展成为中国北方的重要港口。作为当时山东唯一的开放港口，它的航运范围、客货吞吐量以及港口贸易额已跻身全国大港口行列，其关税一度占到山东省总关税的 90%。

今日烟台港

1897 年，德国强占胶州湾，之后青岛开埠通商，德国人在山东修建了胶济铁路。1904 年铁路建成通车后，青岛港的贸易量大增，迅速崛起。1908 年，烟台港的贸易量被青岛港超过，但仍然是山东半岛的重要港口。新中国成立后，烟台港不断发展，港口贸易额和吞吐量屡创新高，继续书写着精彩篇章。

蓬莱

海舶孔道——密州港

密州港位于今天的青岛地区。青岛位于山东半岛的南部，海岸线漫长，港阔水深，有众多避风港湾和沿海岛屿，是优良的天然港口。《胶澳志》称青岛是"航海者避风供水之福星"。青岛地区自古以来就有着闻名天下的港口，从先秦两汉的琅琊古港到唐宋时期的密州板桥镇再到近代青岛港，它们都在中国历史发展的长河中发挥了重要的作用。

琅琊古港

琅琊，古时写作"琅邪"，亦作"琅玡"，是山东的一个古地名，位于今青岛市。春秋时期，齐国设琅邪邑；周元王三年（前473），越王勾践迁都琅邪；秦朝设琅邪县，同时为秦时琅邪郡治所；西汉仍属琅邪郡；晋朝时废琅玡郡；隋大业三年（607），复置琅邪县；唐武德初年，琅邪县划入诸城县。

春秋战国时期，琅琊地区归属齐国管辖。齐国是当时的东方大国，渔业、盐业发达，丝织业更是有着"冠带衣履天下"的美誉。齐国有着众多的良港，位于胶州湾南部的琅琊港就是其中一个重要的港口。琅琊地区风景优美、气候宜人，在琅琊山上有时可以看到海市蜃楼这一海上奇观。琅琊港水势缓和，是游山观海的圣地，吸引了数位齐国诸侯王前来巡游。

据史书记载，最早从海路来琅琊港巡游的诸侯王是齐桓公。管仲陪同齐桓公"循海而南，至于琅琊"。后来晏子陪同齐景公也曾来到琅琊港。《韩非子》中记载："景公与晏子游于少海。"这次出游也是沿着当年齐桓公东巡的路线。齐景公到了琅琊后，"游于海上"，流连忘返，竟然"六月不归"。

越王勾践在消灭吴国后，为了北上称霸，将都城从会稽迁到了琅琊，并在城东南的琅琊山上修筑了著名的琅琊台，于台顶上建造"望越楼"，以南望会稽。勾践还扩建了琅琊港，使琅琊港成为当时的一个东方大港。

东巡天下与入海求仙

秦始皇兼并六国完成统一大业后，多次东巡天下，在五次东巡中，有三次巡视了琅琊。第一次是始皇二十八年（前219）。在这一次巡幸中，秦始皇发现琅琊地区由于受到战争的影响，社会生产遭到了一定破坏，人口大量减少，便迁移3万户百姓到此并免其赋役，后又下令重修了琅琊台。在此期间，秦始皇还派遣齐人徐福携3000童男、童女入海求仙药。船队从琅琊出发，浩浩荡荡入海，但并没有发现长生不死之药。第二次巡视是始皇二十九年。这一次秦始皇在琅琊停留的时间较短，仅仅是祭祀了神灵后便离开了。第三次是始皇三十七年。这是他五次巡幸活动的最后一次。这一次秦始皇从南方航海到琅琊，又从琅琊港启航北上，一路护送徐福的求仙船队出海。

汉武帝也曾多次东巡海上。汉武帝和秦始皇一样，也相信神仙之说，数次派遣方士去海外访仙求药，但皆无果而终。据《史记》和《汉书》记载，汉武帝在元封五年（前106）、太初三年（前102）、太初四年以及太始三年（前94）四次到访琅琊。

徐福东渡群雕

密州板桥镇的兴起

板桥镇位于今青岛胶州。隋开皇十六年（596），在此设胶西县，归密州管辖。唐高祖武德六年（623），胶西县并入高密县，并在胶西县的东部设板桥镇。据《续资治通鉴长编》记载，宋元祐三年（1088），在密州板桥镇"兴置市舶司"。板桥镇由此成为当时北方唯——一个拥有市舶司的港口。

从魏晋南北朝时期开始，琅琊古港开始衰败。唐代板桥镇设立之后，由于其濒临大沽河，水陆交通发达，很快便成为胶州湾地区的政治、经济和军事中心。彼时山东沿海港口的主要贸易对象是新罗和日本。两国的商人、使臣、僧人、侨民等常由密州板桥镇登陆，有的就留在了板桥镇经商或侨居，有的从陆道前往中国内地或在此换乘其他船只前往别处。唐朝的使臣也时常从此前往朝鲜半岛等地。那时佛教极为流行，各国僧侣间的交流也相当密切，从海道来中国留学的日本僧侣大多在密州港登陆。号为日本历史上"入唐八家"之一的圆仁法师，就曾在密州乘坐新罗人陈忠的货船前往楚州。唐朝时密州港的对外贸易已经具有相当规模。据史料记载，当时密州港停泊的有罗马、新罗、百济、日本、狮子国（今斯里兰卡）、大食（今阿拉伯地区）、波斯等国的船只。

海舶孔道——
宋代密州港的繁荣

唐初设立之后，板桥镇凭借其天然良港的优势快速发展，很快成为南北贸易的重镇。宋代时，登州港、莱州港处于宋辽边境地区，宋辽两方于此对峙，北宋政府下令让登州港、莱州港闭港，严禁海船进入。密州板桥镇此时便占据了天时、地利、人和的优势，得到了较快发展，一举取代登州港，成为北方最大海港。

北宋元丰五年（1082），密州知州范锷首次上书朝廷，请求在板桥镇设置市舶司。他认为板桥镇濒临大海，地理位置优越，商人汇聚于此进行贸易，经济繁荣，人口茂密，并形成了许多富家大姓，应当在此地设立市舶司。虽然范锷的意见未被采纳，但还是引起了朝廷的重视。两年后的元丰七年（1084），北宋政府在板桥镇设置了级别低于市舶司的管理机构榷易务。到宋哲宗元祐三年（1088），范锷以金部员外郎（掌管府库出纳、权衡度量之数，管理两京市、宫市等交易）的身份，再次提出在板桥镇设市舶司。这一次朝廷采纳了他的建议，在密州板桥镇设立了市舶司，以此来管理航运、发展贸易、征收税务、保护侨商。这是继广州、杭州、明州、泉州四大市舶司之后，设立的全国第五个市舶司。

密州板桥镇在设市舶司之后，成为我国北方唯一的对外贸易口岸，发展迅速。当时中日之间的贸易主要是通过明州港（今宁波），密州港主要与高丽进行贸易。《胶州志》记载："板桥久为海舶孔道，朝臣与高丽往来由此。"密州港还和东南亚、印度半岛、阿拉伯等地区的一些国家有贸易往来，这些国家的船只一般是先到我国南方港口，然后沿岸北上前来密州港进行贸易。据不完全统计，密州板桥镇的出口货物有金、银、铜、铁、铅、锡、帛、丝织品、瓷器、药材、纸、书籍等，进口货物大致有香药、象牙、珊瑚、琥珀、珠琲、玳瑁、玛瑙、砗磲、水晶、蕃布、乌满、苏木等。当时很多商人将板桥镇作为中转站，由此前往内陆地区经商，也有许多外交使臣、政府官员、文人、僧侣由此出海远航或进入中国，高丽僧人义天就是通过海路从板桥镇登陆再通过陆路前往汴梁的。

在国内贸易方面，密州港是南北货物的重要集散地和中转港。《续资治通鉴长编》中记载："来自广南、福建、淮浙商旅，乘海船贩到香药诸杂税物，乃至京东、河北、河东等路商客船运钱、丝、绵、绫、绢，往来交易，买卖极为繁盛。"可见板桥镇汇集了来自各地的客商，是当时两广、福建、浙江、河南、河北等地商品的集散地，一时车船辐辏、商旅云集、百货集散、贸易繁盛。

密州港的繁荣并没有持续很长时间。北宋末年，由于金国南侵，密州也遭遇了同登、莱两港一样被封的命运，之后密州港便迅速衰落。虽然金国在原市舶司北侧设立了胶西榷场（集贸市场），与南宋进行贸易，但这里再没有了往日的风采。到元朝末年，红巾军占领了胶西县后，纵火烧城，板桥镇也随着熊熊大火被烧成了一片

高丽僧人义天像

废墟。

板桥镇的遗迹

1996年，胶州市一处建筑工地在施工时，发现了房屋遗址和锈结在一起的巨型铁钱块。之后考古队便对此处遗址进行了抢救性发掘，发现了宋、明、清时期的文化堆积。2009年，距离1996年发现巨型铁钱块位置20余米的一处工地在施工时，从地下挖出了大量铁钱和瓷壶等文物。之后，青岛市组织考古队对此遗址进行了抢救性发掘。这次发掘的地点位于北宋板桥镇遗址的中心，非常靠近当时的板桥镇市舶司。

在板桥镇遗址的各时期堆积层中，考古工作者发掘出了大量历史遗物，有瓷器、陶器、铁器、金器、铜器等。特别是宋代的堆积层出土的文物门类最多、数量最大。据统计，板桥镇遗址出土了40余吨宋代铁钱以及数以万计的瓷片标本。这些瓷器包含了当时来自全国各地不同区域的著名窑系。据专家推测，出土陶瓷器均应为贸易品，这也反映出当时密州板桥镇繁荣兴盛的景象，印证了当时的密州港是我国北方重要的商贸港口。

板桥镇复原模型

板桥镇遗址出土的瓷器碎片

近代青岛的开埠

明朝万历六年（1578），朝廷下令开放了青岛口（位于今青岛市市南区），之后青岛口海运贸易便日趋活跃，开始与东南沿海各口岸通商贸易。但是，当时青岛口的主要功能在于海防。

1891年，清政府批准在青岛设防，青岛建置，促进了青岛口的发展。德国人在对胶州湾考察测量后认为青岛口最适合建设港口。1898年，德国在强占胶州湾后第二年，就宣布青岛港为自由港，同时制定了青岛城市建设必须服从于港口建设的政策。1899年，青岛港修建工程和胶济铁路建造工程开工建设。1901年，德国汉堡轮船公司首开欧洲到青岛的航线，这是青岛的第一条远洋航线。1904年，胶济铁路建成通车，打通了与内陆腹地的经济联系，城市与港口、铁路三者互相依托，成为青岛的显著特点。借助港口与胶济铁路，青岛插上了腾飞的翅膀，迅速发展成为世界知名的海滨城市。

以盐繁盛——扬州港

扬州港位于长江镇澄河段北岸，地处长江、淮河和古黄河的冲积平原，地势平坦，运河纵贯南北，干支航道连接长江、淮河及微山湖、洪泽湖，有"苏北大门"之称，是长江中下游的重要口岸。扬州地区自古以来就是航运发达的地区，春秋战国时期已经有了著名的广陵港，而唐代时的扬州港更是当时闻名于世的国际港口。

淮海奥区——广陵古港

春秋时期，由于邗沟的开凿，扬州地区的航运得到了快递发展。当时吴国修建邗沟，疏通运河水道，目的在于以水师进军中原。虽然最初的开发是为了军事斗争，但客观上仍为扬州港以后的发展打下了良好的基础。

邗沟，又名渠水、韩江、中渎水、山阳渎、淮扬运河、里运河；南起扬州以南的长江，北至淮安以北的淮河。它是联系长江和淮河的古运河，是古代中国劳动人民创造的一项伟大工程，也是最早见于文献记载的运河。

秦汉以前，虽然扬州地区资源丰富，但开发程度很低。《史记·货殖列传》记载，当时"江淮以南，无冻饿之人，亦无千金之家"。因经济发展较为缓慢，扬州港的发展亦相应受到了影响。

秦朝结束了诸侯割据的局面，建立了统一的中央集权国家。统一的政治、经济和文化促进了水运事业的发展。这一时期邗沟水系进一步疏通，与江南运河开始沟通。扬州港成为淮南海盐的转运枢纽，史称"淮海奥区"，成为一方都会。人工运河网的形成和淮南盐运的初兴是先秦两汉时期扬州港开发的重要标志。

魏晋南北朝时期，扬州港进一步发展。在长达近 400 年的时间里，除西晋的短暂统一外，国家处于分裂状态，扬州地区也只能说是间有发展。赤壁之战后，吴国把此地作为造船和训练水军的临时军港。东吴舰队进行远洋航行，也都是从这里出发。如黄武五年（226），吴王孙权派遣康泰、朱应出使南海；吴大帝黄龙二年（230）

吴主孙权

孙权像

派遣卫温、诸葛直率万人浮海前往台湾；吴大帝赤乌五年（242）派遣聂友、陆凯率军3万讨伐珠崖、儋耳（今海南岛），都是从扬州一带出发。

为了发展南北水运，汉末开始对古邗沟疏通修整，大大改善了邗沟的航运条件。这样一来，扬州港在长江内河航运的中心位置更为突出了。造船业水运业的兴旺发达起来后，扬州港开始与东南亚进行贸易，开辟了到南洋的海上交通路线。

扬州港海外交通的历史最早可追溯到东晋。据《高僧传》记载，我国高僧法显于东晋隆安三年（399）从长安出发，沿着陆上丝绸之路到印度留学，后来再去斯里兰卡留学，然后搭乘商船回国，于义熙八年（412）漂行至崂山，再从山东半岛航行来到扬州。东晋时，尼泊尔高僧佛驮跋陀罗沿着海上丝绸之路来到中国，继而又沿着长江东游，是历史上第一个到达扬州的外国人。

舟樯栉比，车毂鳞集——唐代扬州港的繁荣

隋朝开凿南北大运河后，扬州由于正处于大运河与长江水道的交汇点上，南连江、海，北接淮、汴，遂成为南北货物贸易的集散地与水路运输的枢纽。唐朝在扬州设置了大都督府，并派盐铁转运使在扬州管理漕运与盐运。代宗广德年间（763—764），刘晏改革漕运制度，将来自江南地区的漕粮先运至扬州，"岁转粟百一十万石"。当时江淮以南地区的漕粮均经由扬州北上，以至于出现"舟樯栉比，车毂鳞集，东南数百万艘漕船，浮江而上"的盛况。伴随着社会经济的繁荣、内河航运事业的蓬勃发展，扬州港达到了全面兴盛。中唐以后，天下大计，仰于江淮。贯穿扬州境内的南北大运河漕运商旅往来不绝，扬州港成为中国最繁忙的港埠之一。扬州在唐时是东南交通焦点、长江流域物资的总汇之所。这里一方面是原料产品集散的市场，是盐、铁、茶、丝绵、药材、珠宝等转运的中心；另一方面又是原料加工制造的手工业都市，著名的手工业有铜器制造业、丝织业、制糖业和造船业等。在这个时候，丝的产地已经逐渐开始南移，太湖流域的产丝情况已大致和今天相似。而当时江南地区生产的茶叶，越州、婺州、

寿州、洪州等地的瓷器，也大多都是以扬州为买卖市场的。

唐代时的中国是世界上经济、文化最发达的国家，海外交通也十分发达。扬州港得益于优越的地理位置，成为一个著名的外贸大港，番舶云集，商贾如织，"万商落日船交尾，一市春风酒并垆"。扬州成为当时对日本、新罗、高丽、百济等国家主要的通商口岸，并与南亚、西亚的许多国家和地区有着友好往来。9世纪时，阿拉伯地理学者伊本·胡尔达兹比在其《道程及郡国志》一书中曾谈到扬州港是唐朝的四大商港之一。《太平广记》中记载有胡商在扬州经营珠宝、药材的事迹。当时有的波斯人在扬州经商达20余年，甚至在年迈以后还"思归江都"，将扬州视为第二故乡。

唐代时日本、新罗的使者、商人经常从扬州登陆前往中国，中国的商人、僧侣也多从扬州始发前往日本。日本遣唐使多次从筑紫始航，经过南岛，然后横渡东海，在扬州附近抵达中国。唐代著名的高僧鉴真即从扬州出发东渡日本。

鉴真，俗姓淳于，江苏扬州江阳

扬州古运河新貌

县人，律宗南山宗传人，日本佛教律宗开山祖师，著名医学家。他曾先后 6 次东渡日本，直到第 6 次才获成

扬州大明寺内鉴真像

功。不仅为日本带去了佛经，还促进了中国文化向日本的传播。在佛教、书法及医药等多个方面，鉴真对于日本都产生了深远的影响。

后来日本僧人圆仁于开成四年（839）来华，也是在扬州附近登陆，并在我国居住 10 年，写成了《入唐求法巡礼行记》，成为中日友好交流史上的佳话。

扬州港的衰落与重兴

唐末群雄角逐，战乱频繁，扬州港的贸易活动备受摧残。

到了宋代，扬州境内的港口发生了巨大变化，一方面，长江河口东移，三角洲滩涨，江南诸海港兴起，逐渐取代了扬州港在对外贸易中的地位；另一方面，扬州港的国内贸易功能大部分为真州（今扬州仪征）港所取代。宋真宗天禧年间疏通真扬运河后，原在扬州中转的货物特别是漕粮就有许多在真州分流。而北宋大运河漕运恢复以后，又促进了瓜洲港的发展，瓜洲港呈现出"商贾辐辏，财货堆积，所在繁华"的景象。这也使得扬州港走向了衰落。

东关古渡今貌

元定都北京后，为解决南粮北运问题，凿通通惠河与会通河，贯通了京杭大运河。但由于北方河道补水困难，河道始终不甚通畅，加上为镇压汉族人民的反抗，统治者不断在江河港汊打桩筑坝，致使元代扬州港的内河中转受到了一定的限制。

明永乐以后，朱棣迁都北京。从此，南粮北运的格局与明清两代相始终，成为一项重要的政治措施和经济制度，扬州港成为连接南方与北方的漕运中心。

明代中叶以后，随着商品经济的发展，扬州地区出现了资本主义萌芽。这一时期，形成了以长江、京杭运河为骨干的内河航运网络。扬州港是我国中部食盐供应基地和转运港口，两淮盐运盛极一时。因南北经济、文化交流十分密切，行商客运相当频繁，以运输丝织、棉织等手工业品为主的商运与贸易相当发达，扬州港的地位又开始上升。

清代盐商与扬州港

清初，扬州地区受到明末战乱的影响，人口锐减，经济疲敝。受黄河长期夺淮入海影响，京杭运河苏北段漕运受到了严重的影响。康熙皇帝多次南巡，均以扬州为中心，致力于治理黄河水患，疏通运河，整修设施，为扬州港的再次繁华提供了先决条件。扬州在清代前期，再度出现繁荣的局面，成为当时全国著名的商业城市。

扬州是水运枢纽中心、南北漕运的咽喉，还是中部省区食盐供应的重要基地。明清时期，两淮盐业在全国盐业中占有举足轻重的地位。据明代人宋应星估计，明朝万历时扬州的盐业资本约为3000万两；清朝时，据汪喜孙的估计则为七八千万两。而根据有关记载，乾隆三十七年（1772），户部库存银为7800余万两，可见扬州盐商手中的资本竟与之不相上下。漕运的发展，盐业的兴盛。促进了扬州商业、手工业的发展，扬州城到处可见绸缎铺、茶馆、酒楼，工艺漆器、玉器、镂金器、刺绣、铜器、竹器等日用品生产与商贸相当发达。

到乾隆中叶，扬州地区开始走下坡路。嘉庆、道光年间，清政府频繁加征税费，使得扬州盐商无利可图，至此一蹶不振，其衰亡就如兴起时那样，骤起骤落。清代扬州因盐商兴起而繁华于世，也因盐商衰败而日渐衰落。到了清末，苏南铁路建成后，取代了大运河在南北漕运中的作用，扬州港失去了其发展中最重要的条件，逐步沦为一个普通内河港口。

第一码头——刘家港

刘家港，又称太仓港，早在春秋时期已具雏形。据《舆地志》记载，春秋战国年代，娄江口北岸已聚居有濒海船民。这些船民或下海涉洋，打鱼捕虾；或凭借贯通湖海的娄江，运输太湖流域丰饶的物产特别是优质稻米北上南下。为此，春秋时吴国在此驻军设防，并置囤粮于"东仓"。这便是"太仓"一地名称的由来。

春秋战国时期，娄江口岸是吴国的海防前哨。当时的太仓东部，经常发生海战。乡民"习于水战，便于舟用"。吴王阖闾十年（前505），东夷人侵扰吴国，吴王亲自率军出征，击败了东夷人。东夷人逃向大海，吴国水师遂入海追击，由此可见当年太仓乡民之神勇。

浏河口既是军囤粮仓，又是海防要地，这种境况一直延续到三国时期。据《三国志》记载，吴嘉禾二年（233），孙权曾派遣太常（主管祭祀、朝会等礼仪的高级主管）张弥、执金吾（掌管京师治安）许晏、将军贺达等率数万士兵前往辽东联络公孙渊。据考证，当时的东吴大军系由刘家港始发，驾乘近海沙船，横渡长江，抵达黄海，再沿苏北沙岸北上山东半岛，转古登州，直航辽东半岛，从而联络上公孙渊的。

两晋南北朝时期，刘家港成为兵家必争的海防要地。到隋唐五代，刘家港成为长江南岸唯一的"通海门户"两宋时期，刘家港渐成鱼货集市。元朝时，刘家港已成为南粮北运的大港口，以及番商云聚的"六国码头"，被誉为"天下第一港"。明朝时，郑和七下西洋起锚于刘家

漕运船只

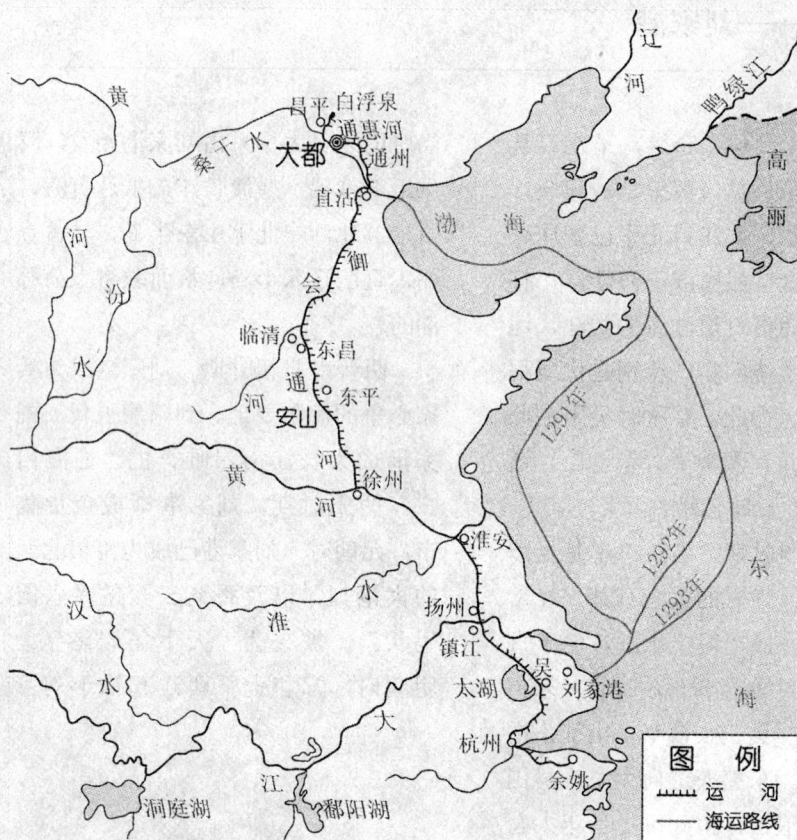

元代海运路线图

港，拉开了世界大航海时代的序幕。清朝锁国，娄江淤塞，刘家港遂为上海港所取代。

由于陆运和内河漕运的运量有限且耗费巨大，元朝开辟了海运路线。元代海运的起点是刘家港。当时元政府对熟悉水路的朱清、张瑄委以重任，封朱清为中万户，张瑄为千户，令他们组织海运。至元二十三年（1286），元政府设立行泉府司，专门管理海运。

由于海运的开辟，江南地区的粮食及百货通过发达的水道网络输送到了刘家港，这里遂成为重要的货物集散地。当时有大大小小数百艘船只，每年分春夏两次，在刘家港装运物资，然后从这里启程前往元大都。在每次海运船只出发前，当地官员及船员们都要去祭拜航海的保护神妈祖，以祈求一路平安。

从刘家港出发的海运船只越来越多，至元十九年（1282），从此启程的海船有 60 艘；到了延祐元年（1314），从刘家港驶出的海运船只竟达到了 1653 只。随着海运船只数量的不断增多，从刘家港输往元大都的江南粮食数量也逐年攀升，至元十九年输送粮食约 4.6 万石，到了天历二年（1329）运送粮食的达到了 352 万石，40 余年间粮食的输送量增加了 76 倍之多。海运量的大幅提高，反映出当时刘家港的繁盛状况。时人杨维桢用"娄江码头天下少，春水如天即放船"的诗句描述了当年刘家港的海运盛况。

六国码头

海运漕粮推动了以刘家港为基地的北洋航线的勃兴。众多的漕户和沿海民间船主将江南的丝绸、棉布、粮食、陶瓷、纸张、工艺品等运往北方甚至海外进行贸易。而优厚的货贸利润使得刘家港一带的富商、船主等趋之若鹜，纷纷筹资经商，驾船携带货物远涉重洋，与外国通商，推动了南洋航线的兴盛。此时同时，刘家港一带民间贸易异常活跃，涌现了出如杭和卿、陈宝生、孙天富、杨皓、沈万三等一批腰缠万贯的大海商。元朝诗人许尚在《百咏·苏州洋》中云："已出天池外，狂澜任尔高。蛮商认吴路，岁入几千艘。"展示了当时外国船只频繁进出刘家港的繁盛景象。其时，日本、琉球、高丽、渤尼（今文莱）、暹罗（今泰国）等国，乃至阿拉伯地区的船只纷至沓来，"万艘如云，毕集于刘家港"，这里遂被誉为"六国码头"。

元代的刘家港港外有航标、烟墩，港内有码头、锚地、仓栈，管理设施齐全，货物吞吐量大，交易便捷，吸引着明、越、泉、广、交等地商人携带大量商品来交易或转口贸易。一批资产雄厚的闽浙船商则干脆携家带眷来刘家港定居。各国商人穿着奇异服饰，操着不同的语言，徜徉在热闹的街市上，成为当地一道亮丽的风景线。

当时的刘家港还有榷场、市舶司、官署、仙馆、酒肆、客栈、商铺等,街市繁荣,热闹非凡,被誉为"天下第一码头"。

明代郑和下西洋的始发港

伟大的航海家郑和,自明永乐三年(1405)至明宣德八年(1433)七次

郑和像

下西洋,都是从太仓刘家港始发出航的。因此,刘家港遗存下为数不少的郑和下西洋史迹文物。

刘家港滨江临海的天然港口、优良的码头设施、上佳的仓储条件、强大的运输能力,以及一流的船坞工场、一流的修船技师等,确保了郑和远洋航海的有序进行。两万多船员都是在太仓征召、集结。太仓人周闻、费信等积极参与,并紧随航海。数以万计的货物、礼品,在太仓汇聚、转运,给太仓港务和运输业带来非同寻常的活力;船场、绳索、铁锚、篷帆的加工、维修等,亦促进了太仓手工业的勃兴与发展。刘家港为郑和七下西洋做出了重要的贡献。

据记载,郑和每次从刘家港出发之前,都要率领船队官兵到天妃宫朝拜海神娘娘(妈祖),以此来祈求出海平安;平安归航时再次到此朝拜谢神。有的史料还提及,郑和把出使西洋各国带回的大红牡丹、黄蔷薇等植于天妃宫内。宣德五年(1430)冬,郑和第七次下西洋前,又照例来此进香朝拜,并将记载下西洋经过的《通番事迹碑》立于天妃宫。

在郑和下西洋的时代,从刘家港

至太仓城 30 余里，娄江两岸分布着与下西洋有关的诸多指挥机关、服务机构，诸如海运仓、市舶司、海运总兵公馆、造船厂、铁锚厂、海运接官厅等。经时光的消磨，沧桑变迁，这些建筑现已荡然无存，唯一留下的是一只直径 6 尺 3 寸的大铁釜。它是设在太仓北门外的苏州府造船厂的遗物，是元明时期浸煮出海船只篾缆所用之物。

另外，当地至今还有一条街巷叫"铁锚弄"，据传此地昔日为打造出洋用铁锚的作坊集结之地。

郑和下西洋沿途播撒下了友好往来的种子，各国使节、商团纷至沓来，太仓港城大街小巷"各国珍奇异宝，无不毕集"。港市兴盛，商业繁荣，使元末一度衰弱的太仓港，重又恢复了昔日的繁华盛景。

郑和下西洋宝船模型

清代刘家港的恢复与衰落

　　清政府在东南沿海实行禁海、迁海政策，因之太仓刘家港也是一片沉寂。到康熙时，江浙地区经济迅速恢复。康熙十年（1671），疏浚浏河，恢复泄水功能，使刘家港重又成为苏州通江达海的门户。康熙二十四年（1685）开海禁，设镇海关于浏河，此地商业又逐渐繁荣起来。苏州地区的农副产品、手工产品大多集中在这里销售。同时，北方的杂粮、豆类也大

昔日刘家港胜景

量进入，更有关东、胶州、登州、莱阳、徽州、宁波等地的商人纷至沓来，太仓的商业一时又繁荣起来，出现了"万商云集"的盛况。

清朝中期以后，由于受海潮影响，浏河渐渐淤塞，往来船只受阻。更重要的是，上海这时逐渐成为东部沿海最大的商埠，海运发达，商业繁盛，昔日的许多商业活动都先后转移到上海，刘家港的海运便渐次衰落了。

近代刘家港

辛亥革命后，太仓州与镇洋县合并组成太仓县。民国四年 (1915)，江苏省江南水利局主持疏浚浏河，并调挖泥机船拓开浏河口外拦门沙，使太仓港入口处得以通畅，后又拓宽浚深港区航道，使海舶、商船、火轮都可通达整个港区。其时，上海港的海运业已被实力雄厚的外资航运公司控制。与上海海运业有着千丝万缕联系的江苏民船运输业受到冲击和排挤，数以千百计的沪港民船被迫来浏河口求生存谋发展，于是太仓港再度兴盛起来，成为长江口著名的渔港、盐埠、棉布和商品粮的集散地。第一次世界大战期间，帝国主义忙于欧战，暂时放松了对中国的经济侵略，致使中国沿海的民船运输业又获发展，太仓港的近海贸易得以再显生机，吸引了南北商船纷至沓来。

当时，进入太仓港的以北洋商船居多，又以载重三四百吨的五桅大沙船和载重一二百吨的三桅沙船为主。它们往往结伙进港，运来大豆、花生、杂粮、粉丝、油饼及红黑枣、柿饼、核桃等干果，还有木耳、咸肉、皮革、人参、海产等，数量很大，仅大豆、油饼两类，年输入就达 40 万吨；载回的则是棉花、布匹、丝绸、陶瓷、茶叶、药品、酱酒等日用杂品，还有转口而去的食糖、香料、漆器、染料等，批量极大，仅棉花、布匹、丝绸三项年输出就达 50 万吨。

刘家港

漳州
月港遗址

东海古港

　　东海是位于中国大陆东部、长江口外的大片海域，北与黄海相接，南经台湾海峡与南海相连。东海地理位置优越，拥有以杭州港、明州港、福州港、泉州港、漳州港为代表的众多优良古港。杭州港在 2000 多年前就是吴、越水军争霸的地方。南宋定都杭州后，杭州港的发展臻于极盛，贸易范围遍及整个东亚和南亚地区。明州港从先秦时期的句章港开始发展，到唐宋时期的明州港、明代的双屿港，再到今天的宁波—舟山港，在港口史上留下了浓墨重彩的一笔。福州港有着"七闽之冠"之称，是郑和下西洋的重要基地和与琉球朝贡贸易的官方窗口。泉州港是"海上丝绸之路"的起点，有"东方第一大港"之称。漳州港位于福建南端、九龙江的入海口，是福建历史上的"四大商港"之一。

吴越都会—杭州港

杭州港位于浙江省东北部，钱塘江下游北岸，地处钱塘江、京杭大运河、浙东运河的交汇处，有着便利的水运条件，是我国古代著名的海港之一，至今也仍是我国重要的对外贸易港口。

吴越争霸之处——固陵古港

春秋中期之后，江浙地区的吴越两国逐渐强大起来。由于两国毗邻，双方都想争夺对这一地区的统治权，两国间终于矛盾激化，战争频仍。据记载，自周景王元年（前544）吴王余祭对越国用兵开始，到周元王三年（前473）越王勾践灭吴，71年间，吴越两国在钱塘地区进行的海战就达11次。

在吴越争霸的开始阶段，吴国的水上实力整体要在越国之上。在这种情况下，越国审时度势，加强了对军港和水师的建设。周敬王十四年（前506年），在范蠡的主持下，越国在钱塘湾南岸修筑了固陵港。固陵港位于东海边的浙江之口，在今天的杭州萧山区。固陵港有内河河道通往会稽，背靠萧然诸山，进可攻，退可守，地理位置十分优越。之后，越国便以固陵港为基地，多次开展军事活动，主动出水师伐吴。周敬王二十四年（前496），吴国进攻越国北部领土，勾践亲自率领越国水军抗击吴国。越国水军3万人，船只数百艘，浩浩荡荡地驶出固陵港，在钱塘湾迎战吴军。周敬王二十六年（前494），勾践再次于固陵港出兵。周敬王三十八年（前482），越国在固陵港集中了水手2000人、水师官兵4.7万人、战舰数百艘，兵分两路，一路出海入长江，一路经钱塘沿内河进入太湖流域，最终灭掉了吴国。之后，勾践率军北上争霸，攻占琅琊。当时从固陵港出发到达琅琊的海船就达300余艘。由此可见，固陵港在当时是越国的军事基地，具有重要的战略地位。

范蠡像

范蠡字少伯，又名鸱夷子皮或陶朱公，春秋时期楚国宛地三户邑（今河南省淅川县）人。春秋末年著名的政治家、军事家。曾辅佐越国勾践重兴越国，灭掉吴国，一雪会稽之耻，功成名就后急流勇退，以经商致富，广为世人所知。后代许多生意人皆供奉他的塑像，称之为"财神"。

杭州港的初兴

　　秦至三国时期，钱塘县的地貌发生了巨大变化，西湖海湾的湾口泥沙淤积，形成了一条狭长的沙洲平原。地理变迁，使钱塘港的部分港址发生了变化。这一时期的钱塘港新增加了灵隐港、沙洲港等人工港。

　　灵隐诸港的出现，可以追溯到战国时期。那时，钱塘人开始移居此地，形成村落。经过约250年的发展，终于将这里建成了一个具有一定规模的居民点。秦统一六国后，即于此地设县。此后这里逐渐发展起来。最开始，灵隐港主要用于民间的水运商贩活动。汉文帝十六年（前164），灵隐港的性质发生了变化。这一年，辅佐郡守处理日常政务并掌管会稽郡西部诸县军事防卫的会稽郡两部都尉治所设在了钱塘县，重兵驻守使得灵隐港具有了军事功能。汉武帝元鼎十六年（前111），横海将军韩说从会稽出发，泛海而下，攻打东粤时，就曾征调驻守钱塘灵隐港的水军。

　　东汉初年，沙洲港开始兴起。该港主要功能是通过水运活动来发展钱塘县的经济。当时的钱塘县正处于新城开发阶段，居民的迁入、园舍的营建、市场的设立促使沙洲港不断发展。建安元年（196），钱塘成为吴郡都尉治所。那时我国已与东亚、东南亚、南亚、西南亚及南欧地区有了海上贸易往来。据记载，东汉时大型海船已经常出入钱塘港，外国的奇珍货物甚至引起了海盗垂涎。海船的进出、海盗的出现，说明钱塘港已进入海上贸易港的起步阶段。两晋至唐代，钱塘江时有海船往来，不过数量不多，声势不大，并没有形成一定规模的沿海航运活动。

到了唐末五代时期，吴越国都城杭州地区北通中原的大运河，先后为吴、南唐等割据政权所阻断，无法使用。唐末和梁初，吴越入贡唐、梁所使用的贡道是由钱塘江西上，经婺州入仙霞古道达虔州（今江西赣州），再向北经水、陆转运至长安。梁末帝贞明三年（917），此线为南吴封锁，于是吴越国被迫改走沿海航线来朝贡中原政权。

宋元杭州港的繁荣

建隆元年（960），后周大将赵匡胤在陈桥驿发动兵变，推翻了后周，建立了北宋。宋太宗太平兴国三年（978），吴越王上表称臣，宋政府和平接管两浙，统一全国。杭州港在吴越国发展的基础之上，经过宋朝的不断改修扩建，浚疏航道，增修海堤，增加仓库，加强航运，建立市舶司，达

新安沉船上打捞出的杭州老虎洞窑青瓷鬲式炉

到了鼎盛时期。

北宋太平兴国三年（978），在杭州设立两浙市舶司，统辖自长江口至浙南一带的沿海港口，管理这些港口的对外贸易。由于明州港对外贸易发展较快，为加强管理、方便征税，淳化三年（992）时将两浙市舶司移至明州定海县（今舟山定海）。然而这又造成了杭州港征收关税的不便，于是，第二年两浙市舶司又迁回杭州，但两地不能兼顾的矛盾依然存在。为解决这一矛盾，宋政府于咸平二年（999）分别在两地设立杭州市舶司和明州市舶司，隶属于两浙市舶司。

北宋后期，宋朝对与高丽进行贸易持谨慎态度，担心金人混入进行间谍活动。为此，元祐五年（1090），宋政府断绝了与高丽的往来，以高丽、日本为主要贸易对象的杭州、明州市舶司也随之撤销。大观三年（1109）又撤销了两浙市舶司。上述做法，使宋朝一度丰厚的市舶之利受到很大影响。于是，崇宁元年（1102）复置杭州市舶司，政和二年（1112）复置两浙市舶司。到了南宋建炎元年（1127），宋高宗赵构片面认为市舶司是北宋亡国的祸根，因而采取限制海外贸易的政策，罢废了两浙市舶司。不到一年，政府的财政收入锐减，高宗不得不于建炎二年又复置两浙市舶司。绍兴元年（1131），杭州改为临安府，杭州市舶司随之改为临安府市舶务。绍熙元年（1190），宋光宗单纯从国防角度考虑，认为临安是国都，不能允许外国船只任意进出临安港，因而罢废了临安府市舶务。这样，海外客商到杭州的贸易活动就不再像北宋时那样活跃了，杭州对外贸易陷入低谷。但不久，临安市舶务又复置，并在淳祐八年（1248）改为"行在市舶务"，直到元兵攻占杭州后才被废除。

当时与杭州港交往的国家和地区几乎遍布东亚、东南亚和南亚地区，有高丽、日本、大食、阇婆（今印度尼西亚爪哇岛）、占城（今越南），渤泥（今印度尼西亚加里曼丹岛）、麻逸（今菲律宾）、三佛齐（今印度尼西亚苏门答腊岛）、沙里亭、交趾（今越南）、真腊（今柬埔寨）等。港口的进出口品种和数量均大幅度增加，与各国间的友好交流活动也更为频繁，杭州港因之成为宋代最重要的海港之一，在国内外都产生了积极而重大的影响。

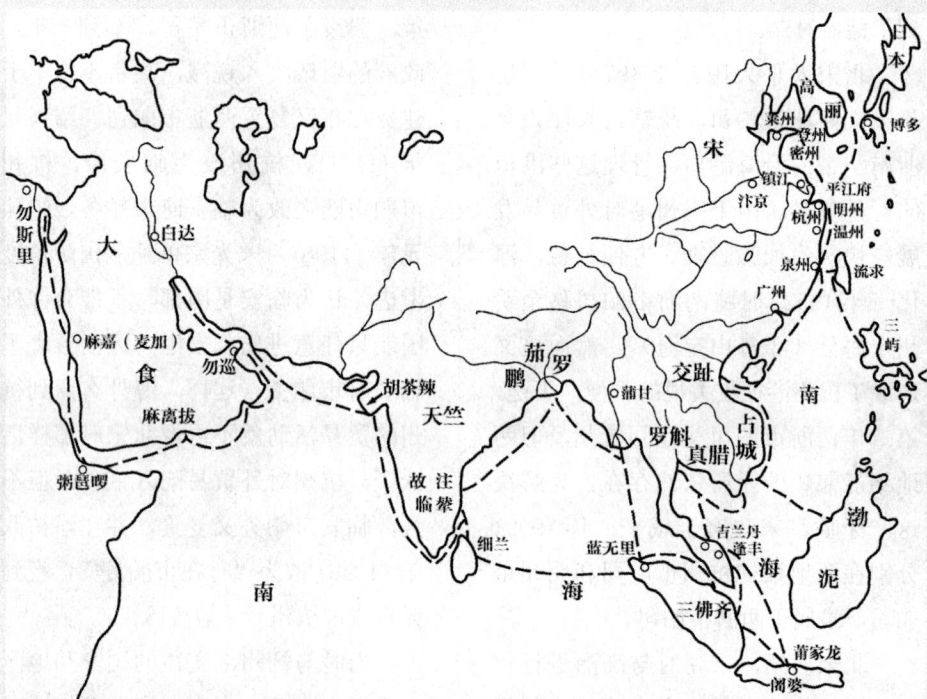

宋代杭州港对外贸易的国家和地区 （出自《杭州古港史》）

到了元朝，杭州仍是一个著名的港口城市。《马可·波罗行记》中记载，"在距运河较近的那一边岸上，建有容量很大的石砌的仓库，供给从印度和其他东方来的商人"。为对海外贸易活动进行管理，至元二十一年（1284），元朝政府在杭州设立"市舶都转运司"，掌管海外贸易及税收，同时负责对当时官方的海外贸易形式——"官本船"进行管理。杭州港的海外贸易活动由此重新活跃起来。但是，至元三十年（1293）杭州市舶都转运司被撤，此后杭州市舶事务先后划给杭州税务、江浙行省、行泉府司管理。这说明杭州在元代时对外贸易的地位已经不再像宋代那样重要了；加上杭州所凭靠的钱塘江潮急浪高，河口淤浅，航行困难，本身并不是优

良的沿海港口，故其海运逐步走向了
衰落。

马可·波罗像

马可·波罗是著名的意大利旅行家。曾跟随父亲和叔叔沿着陆上丝绸之路，历时四年，途经两河流域、伊朗高原及帕米尔高原而来到中国，在至元十二年（1275）到达元大都（今北京）。马可·波罗在中国游历了17年，曾担任元朝的官员，到访过中国的许多地方。马可·波罗将他在中国的见闻记述在《马可·波罗行记》中，这激起了欧洲人对东方的强烈向往，驱使越来越多的探险家前往中国。该书是研究元朝历史和地理的重要资料。

明清杭州内河大港的繁荣

明清时期，杭州港的对外贸易是一个由盛到衰的大转变时期。总的来说，明代的杭州港在元代的基础上，海外交通与贸易还是保持了相当长时间的有限制的发展。明史研究者认为，纵观明代杭州港的对外贸易，因只准官方贸易而不准民间从事，其贸易范围已较宋元时期大大缩小。其趋势是：16世纪50年代前基本处于缓慢发展状态，16世纪50年代至17世纪上半叶处于倒退和停滞不前的挣扎状态，17世纪中叶一度有所恢复。此后，清初的严行迁海令，给了杭州港对外交往活动以致命的一击，再加上清代的杭州港地理发生变化、清政府政策更迭等一系列复杂原因，杭州港的海外交通终于被迫停止，由海、河并举的河海港口转为单一的内河港口，失去了其在古代海港中的重要地位。

杭州港在逐渐退出中国古代重要海港行列的同时，却明显地体现出了作为内河大港的作用。它不但大量集散漕粮、民间粮食、食盐及丝、茶、土特产品等，而且随着杭州独特的香市贸易的兴盛而接纳了大批的商旅。

这一时期，杭州港既是内河货物集散大港，又是输送旅客的客运大港。

清代的杭州港曾发生过十余次大型水运活动，即接待康熙和乾隆两个皇帝从康熙二十八年（1689）至乾隆四十九年（1784）的11次南巡。康、乾二帝来杭州，除游玩外，还巡察了大运河、海塘的治理情况，大大改善了杭州港的水运条件。尤其康熙帝五次到杭州，更是对杭州港的繁荣做出了贡献。

鸦片战争之后，杭州港作为重要的内河大港，得到继续发展。光绪三十年（1904），杭州港的税收达白银70万余两，其洋货进口价值为514万余两，土货进口价值为344万余两，土货出口价值为91万余两。《马关条约》签订后，杭州被迫对日开放。清亡之后，杭州港的内河航运业也随之走向衰落。

京杭大运河

东方大港——明州港

明州港位于今天的浙江省宁波市，背靠长江三角洲，水深浪小，港域开阔，有着广大的腹地。该港历史悠久，从两千多年前春秋战国时期的句章古港起步，一直发展到今天的宁波－舟山港，历史上始终是我国东部沿海的一处重要港口。

宁波地区的古港——句章港

周敬王二十四年（前494），吴国攻打越国，越国战败，越王勾践被俘。3年后，勾践回到越国，卧薪尝胆，发誓要消灭吴国。越国在经过"十年生聚"后国力大增。勾践在此期间修造了300多艘战船，建立起了一支强大的水师。经过"十年教训"，周元王三年（前473），勾践消灭了吴国。为了发展水上力量，勾践在越国国都会稽的东方开拓了一座新港，此即句章港。据明人记载，句章在姚江东，慈溪南15里，也就是今天宁波的乍山乡成山渡。句章港和会稽共用一个出海口。港口位于钱塘江口的最外端，出海十分便利，因此成了越国的海上门户。周贞定王元年（前468），勾践率领"死士八千，戈船三百"，从海路北上琅琊，欲图谋霸业。据史料记载，勾践修建句章港的目的，是为了加强会稽与内越（广东）和外越（越南）之间的联系，因此句章港主要是一个军事港口，而非贸易港口。

勾践卧薪尝胆图

越王勾践（约前520年—前465年），姒姓，名勾践，春秋末年越国国君。公元前496年即位，曾败于吴国，被迫求和。返国后重用范蠡，矢志于改革发展，使越国国力逐渐恢复。公元前473年，勾践率兵征吴，迫使吴王夫差自尽，灭吴而称霸。勾践是春秋时期的最后一位霸主。

从秦汉时期到南北朝时期的800余年历史中，句章港曾多次见于史册。直到公元6世纪后，随着港址的变迁，句章古港才终归没落。

唐代明州港的兴起

句章古港废弃后，甬江流域的港口逐步东迁到了三江口（今宁波城区），这一地区的港口开始得到初步

宁波古港航线示意图　（出自《宁波港史》）

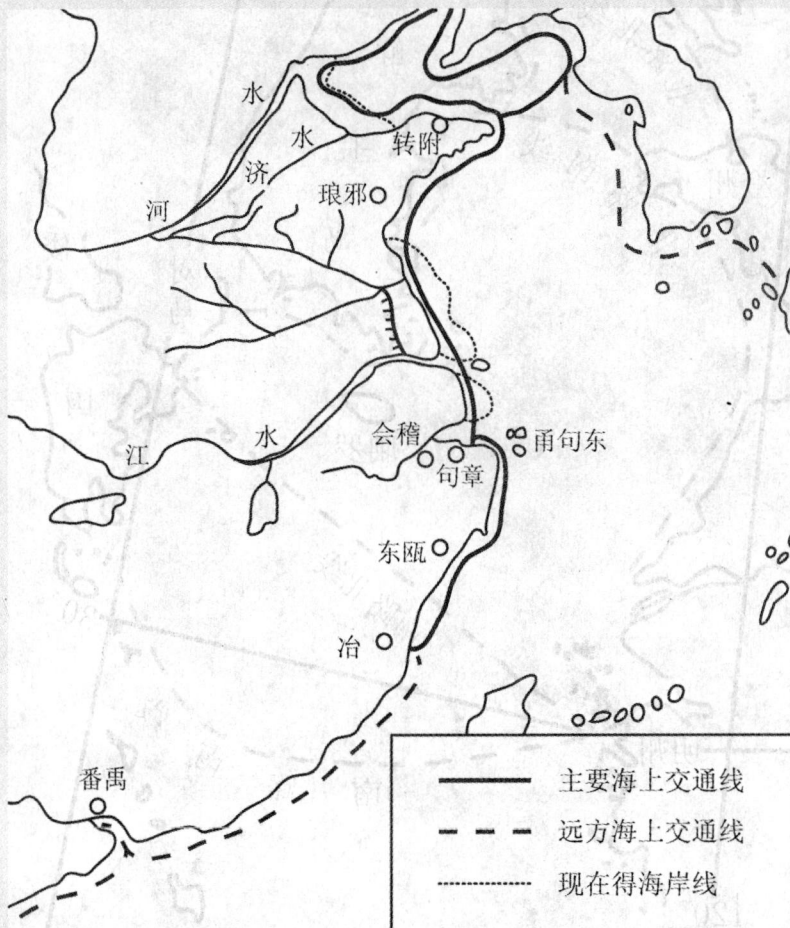

———	主要海上交通线
- - -	远方海上交通线
·········	现在得海岸线

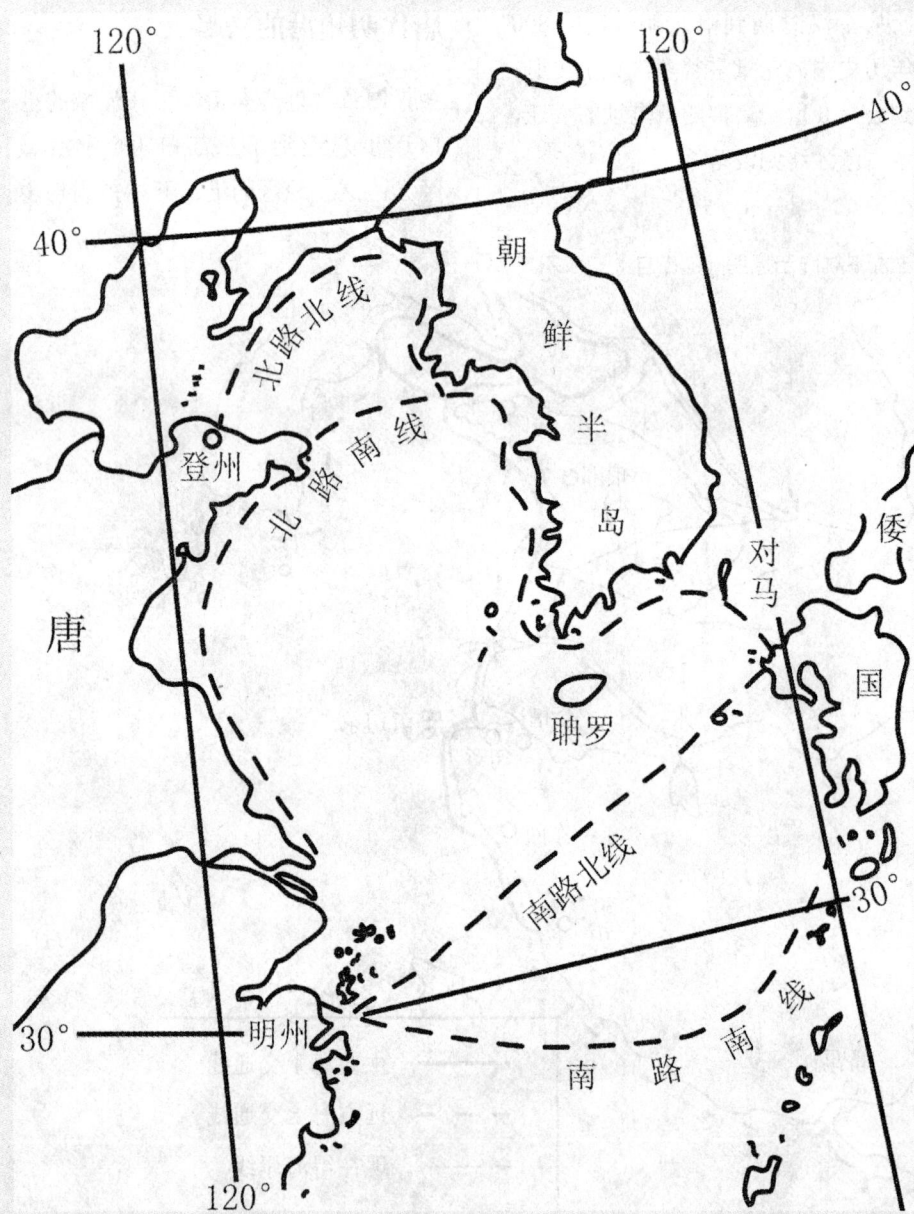

唐代明州与日本的海上航路

发展。大历六年（771），鄞县县治迁到了三江口，这标志着句章古港东迁三江口正式完成。长庆元年（821），明州州治迁到了三江口，明州港随之进入了新的发展时期。

明州即今浙江宁波。唐武德四年（621），设立鄞州，下辖鄞县、鄮县、句章县，治所位于鄞县（今宁波市鄞州区鄞江镇）。开元二十六年（738），将鄮县分为慈溪、翁山、奉化、鄮县四个县，并设立明州来统辖它们，明州州治设在鄮县。

到唐代中后期，明州的海外贸易已经有了很大发展，"海外杂国贾舶交至"。朝廷遂在明州设立了专门管理外贸的机构——市舶司，隶属于浙江市舶务。

明州最早与日本通商。早期日本与唐朝交往多经由"新罗道"至山东半岛的登州、莱州。代宗大历年间（776—779），由于新罗发生内乱，原先的海路不通，日本海船便不再走经过新罗海域的海道北路，而改走海道南路。海道南路是一条从九州出发取道日本南部夜久、奄美、度感，然后横渡东海，到达唐朝明州、扬州等沿海港口的一条线路。由于海道南路

航程较长，8世纪后期又开辟了从九州出发直接横渡东海的"大洋路"。这条航线路程较短，遇到顺风，从日本到中国只需要8天的时间。

唐朝明州出口的商品中最为出名的是越窑青瓷。20世纪70年代，在宁波和义路海运码头附近，出土了一批唐代中后期的青瓷器，其中大多数为越窑产品，制作工艺非常精美。此外，从明州输出的物品还有佛经、佛像、药材，以及骨木嵌镶的精致工艺品等，输入的物品则包括砂金、水银、玳瑁、琥珀和象牙等。

宋代明州港的繁荣

北宋建立以后，将海外贸易的收益视作国家财政收入的重要来源。出于经济上的考虑，为了发展对外贸易，宋朝在一些重要的贸易港口都设立了专门的管理机构市舶司。

明州市舶司，最初于淳化元年（990）设在定海，之后迁至明州。据考古调查，明州市舶司位于宁波城东南的姚家巷。南宋嘉定十三年（1220），明州市舶司毁于火灾，后于宝庆三年（1227）重建。

由于辽国占据了北方与高丽的陆路通道，宋朝与高丽的交往只能走海路。熙宁七年（1074），高丽使臣金良鉴前来中国，请求取道明州与宋朝朝贡通商，宋朝接受了高丽的请求。自此以后，高丽贡使及商人多次前来明州，宋王朝与高丽之间的交往与贸易也一直十分密切。

宋代明州港与日本的贸易活动也非常频繁。日本船舶从镰仓港出发，"冒鲸波之险，舳舻相衔"，来到明州出售货物。据记载，北宋时期中国商船前往日本进行贸易的次数达70余次。镰仓港遗址曾出土有大量宋代瓷器及铜钱，是中日两国之间繁盛的海上贸易的见证。当时中日两国的民间交流也很密切。宋孝宗乾道四年（1168），日本僧人荣西（千光法师）渡海前来明州，从日本运来巨型木材，帮助修建天童寺千佛阁，留下了一段中日友好交往的佳话。

宋代明州与东南亚通商往来频繁，与阇婆（今印度尼西亚爪哇岛）、真里富（今暹罗湾东北岸）、占城（今越南中南部）、暹罗（今泰国）、渤泥（今加里曼丹岛北部）、麻逸（今菲律宾民都洛岛）、三佛齐（今印度尼西亚苏门答腊岛）等国家和地区均有往来。宋太宗淳化三年（992）十二月，阇婆国王穆罗茶派使者陀湛等入贡，跟随宋朝的船只，经过60日航行到达明州。孝宗乾道元年（1165），真里富的一个大商人在明州去世，留下了巨额的财富，明州知州赵伯圭为其备棺成殓，并派属下渡海把他送归故国；一年之后，真里富国王特地派使者前来表示感谢。当时在市舶司的西面设有波斯馆，那附近有一条巷子称为"波斯巷"。真宗咸平年间（998—1003），市舶司旁狮子桥的北面还修建了一座清真寺，说明在明州居住着为数不少的阿拉伯人。

宋朝时期，明州还是当时全国最

新安沉船上打捞出的磁州窑白地黑花云龙纹瓶

为重要的造船基地。神宗元丰元年（1078），明州曾修造了两艘被当时人称为"万斛船"的巨舰。徽宗大观四年（1110），晁说之受命在甬东司码头与真武宫码头之间修造了明州船场。今天宁波市的战船街就是因宋时为造船场所而得名。

两宋时期明州港输入的物品主要有香药、犀角、珊瑚、琥珀、玳瑁、玛瑙、苏木等，输出的商品则以瓷器、金银、铅锡、杂色帛为大宗。明州的越窑青瓷远销高丽、日本、东南亚甚

唐宋时期明州航海路线图

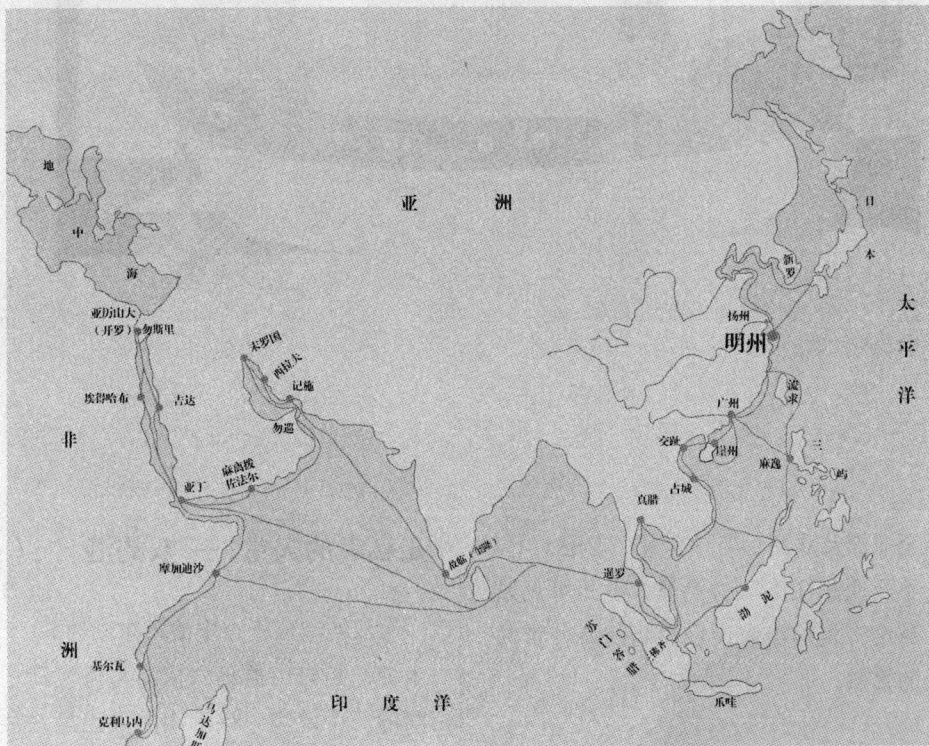

宁波船

至非洲及欧洲，当时有着"走遍天下，不及明州江厦"的美誉。由此可见以越窑青瓷输出为代表的明州海外贸易的繁盛。

走私者的天堂——双屿港

双屿港位于今宁波市东南约50千米处，是舟山群岛六横岛与佛渡岛之间的一个港湾。该港由港面上呈八字形对峙的两个小岛而得名"双屿"，地势险要，位置优越，是我国南北海上交通的要道。

明朝建立后相当长一段时期内实行"海禁"政策，禁止发展除"朝贡贸易"之外的对外贸易，但民间走私贸易却一直存在，明代中期宁波沿海的海外贸易已经颇具规模。

双屿港最初为海盗所控制。据记载，起先安徽人许二（许楠）做了海盗，在双屿港附近活动。陈思盼占据六横与许二结盟，后来汪直又加入了进来，担任管家。嘉靖二年（1523），宁波市舶司被撤销，非法的走私贸易得到进一步的发展，双屿港成为重要的走私贸易港。经过20多年的经营，双屿港逐渐成为一个被时人称为"根抵窟穴"的走私贸易根据地。当时。除南港与北港外，六横山东南部的沿

印尼爪哇井里汶沉船出浮雕碗水莲叶碗

海平原地带，也是走私贸易的活动区域。嘉靖二十年（1541），葡萄牙冒险家品笃跟随葡印总督法利亚的船队游历了双屿港，品笃曾目睹了双屿岛上繁盛的贸易景象。他在《远游记》一书中记载："双屿是距此向北二百多里远的一个葡萄牙人的村落。日本两年前也发现了此岛。凡是运到那里的货物都可以获得三四倍的利钱。""这村落中，除来来往往的船上人员外，有城防司令、王室大法官、法官、市政议员及孤儿总管、度量衡及市场物价监视官、巡夜官、收税官及各种各样的手艺人。有两所医院，一所仁慈堂。一般通行的说法是，双屿比印度任何一个葡萄牙人的居住地都更加壮丽富裕。在整个亚洲，其规模也是最大的。"在双屿港居住的外国人，除葡萄牙人外，至少还有日本等10多个国家的商人，多时达3000人左右。当时活动在走私贸易基地双屿港的中外商人达万余人，停靠的船舶达千余艘。

由于双屿港走私贸易的规模不断扩大，再加上盘踞在六横岛上的倭寇及海盗不时在浙东沿海地区烧杀劫掠，明政府于嘉靖二十六年（1547）命令浙江巡抚朱纨发兵进攻双屿港。

经过一个多月的战斗，明朝军队攻入了双屿港，焚烧了所有的建筑物及货物，然后堵塞了双屿港的南北水道，彻底摧毁了这个走私基地，双屿港即废。

"五口通商"后的宁波港

鸦片战争清政府战败，被迫签订《南京条约》，开放广州、厦门、福州、宁波、上海五处为通商口岸，之后上海港迅速崛起，成为对外贸易的中心。宁波开埠后，入港的船只极少，"货船六艘，随卖随去"，出口的货物以蚕丝、茶叶、棉麻为主，进口的货物有鸦片、洋布、煤油等。

鸦片战争以后，上海开埠，由于长江水道有巨大的内陆腹地加上外国洋行的集聚，上海港迅速发展，很快超越广州港成为全国第一大港，宁波港的一些大宗贸易也转移到了上海港。1862年沪甬航线的开辟，宁波的对外贸易大多是通过上海港进行，直接与国外贸易的情况很少，宁波港在五口通商以后由直接对外贸易转向以国内贸易为主了。

明代双屿港民间贸易的盛况

七闽之冠——福州港

福州港位于我国大陆的东南部、台湾海峡的西部、闽江的入海之处。江海交汇使得福州港既有内河港区，又有沿海港区，地理位置和港口条件优越。从汉代的东冶港形成之后，此地便一直是我国重要的对外港口，并在郑和下西洋及与琉球的交往、贸易中发挥了重要的作用，直到今天福州港也是我国对外开放的重要港口之一。

舟楫所赴之处——东冶古港

据《汉书》记载，汉高祖五年（前202），汉高祖刘邦任命无诸为闽越王，管辖闽中地区，其都城变为东冶，东冶港也因此而得名。东冶的名称由冶山而来。冶山在福州东北面，为屏山东支的一座山丘。传说欧冶子曾在此铸剑，故名。东冶城遗址在今福州古岭以南，旧日城隍庙以北。东冶城为闽江入海口，背靠山麓，江水环抱，

欧冶子铸剑图

是"舟楫所赴"的地方。

汉朝时，位于今天广东、广西南部和越南北部的南海、苍梧、郁林、合浦、交趾、九真、日南七郡进贡给朝廷的玳瑁、珠玑等特产，都是从海路运到东冶港，再由海上转运至北方沿海，而后再从陆路运送都城。除了作为贡品的转运口岸外，东冶港有着军事运输口岸的作用。

三国时期，吴国打败闽越后，东冶港便成为吴国重要的海上基地。吴国黄龙二年（230），孙权派遣将军卫温、诸葛直率领万人部队，"浮海求夷洲"，并带着数千夷洲人返还。夷洲即今天的台湾岛。公元 226--231 年，吴王孙权还派遣朱应、康泰率领船队前往南海各国。在帆船沿岸航行的时期，东冶与夷洲仅一水之隔，又是吴国水师南下的必经之地，所以，吴国上述海上活动都可能以东冶港作为重要的中转和休整港。后来，吴王孙皓又派遣李勋、徐存从此沿海道南下至广西合浦，会合其他军队攻打交趾。

隋朝建立之后，高智慧起兵自立为东扬州刺史，割据福建地区，有海船 1000 多艘。隋文帝派遣杨素领兵征讨，高智慧兵败，退守福州。杨素也从海道追至，后在泉州剿杀高智慧。

从汉代至隋朝的 800 多年间，东冶古港是南北海上交通的重要中转口岸及闽越地区重要的对外海上交通口岸。

七闽之冠——隋唐五代福州港

唐初政治稳定、经济繁荣，闽南地区也获得了长足的发展。开元年间东冶改名为福州。随着海内外贸易的不断发展，福州港成为当时南方地区重要的外贸港口。天宝十年（751）怛罗斯之战后，大食占据了中亚地区，割断了唐朝与西域的陆路通道，唐朝在此之后便致力于经营与海外诸国的海上交通，海路取代了陆路成为中外交流与贸易的主要渠道，因此，福州港对外交流和贸易快速发展，通商国家和地区飞速增加。海外交通除了与东南亚诸国的传统航线之外，还开辟了许多新的航线，其中主要有新罗、日本、三佛齐（今印度尼西亚苏门答腊岛）、印度、大食（阿拉伯阿拔斯王朝）等。在唐大和年间（827—835），福州港继广州之后也设立了市舶司管理机构，管理对外贸易、征收

王审知塑像

税务及保护各国侨商，福州也因此在东南沿海声名鹊起，成为各国商船纷至沓来、中外商贾云集的国际大港。

晚唐时期，藩镇割据，唐王朝逐渐失去对广州市舶的控制。五代时期，闽国建立者王审知利用中原鼎沸，统治者忙于篡夺皇位无暇南顾之机，采取保境息民政策，发展生产，与邻国相安无事，使闽国出现了较长时期的安定局面，为发展海外贸易创造了良好的条件。王审知及其继承者治闽期间，与福州交往的国家有新罗、占城（今越南南部）、三佛齐诸国。闽王王和即位，新罗曾遣使献剑；天祐二年（905），三佛齐等国前来朝贡；天德二年（944），占城国相金氏婆罗出使福州。

王审知致力于海外贸易的另一项措施是在福州设置"榷货务"，委任张睦专门管理舶货征榷事宜。张睦不负所望，把此项工作做得有声有色，因此他从三品官"累封梁国公"。为了达到"招徕"的目的，闽国曾在福州举办"万人大佛会"，引来了南海三佛齐国的国王及其属国的君臣前来观看并进贡，福州港出现了"万国来朝"的盛况。

闽国从海外贸易中抽解来的象牙、犀角、香料、珍珠、玳瑁等海外珍宝，有一部分进贡给中原王朝，每年从登莱海道北上运送至汴梁，大部分是供统治者享用的奢侈品，但政府的海外贸易却为之后的民间贸易奠定了基础。

福州古船复原模型

百货随朝船入市——宋元福州港

宋元时期，泉州港成为当时世界上最著名的港口之一，福州港在对外贸易方面的地位与作用随之有所下降，但仍是国内贸易往来中的一个重要港口。福州港与福建境内及邻近地区沿海也有船舶往来。由于战乱等因素，福州港成为福州与内地交往、贸易的主要交通线。五代时，朝鲜半岛的新罗、高丽就已经与福州有海船来往。据《高丽史》统计，福建海商占中国海商的首位。那时，福州商人还远渡日本经商，北宋天圣六年（1028），福州客商周文裔前往日本，赠右大臣藤原实资方物多种。同时，福州土特产也随着新罗、日本、琉球、大食等地的商船也开始流行于海外。荔枝是当时闻名遐迩的贡品和贩运海内外的重要土特产。当时福州港的海外贸易范围已东到日本、西到阿拉伯诸国。元代福州港的海外贸易继续保持繁盛状况。意大利旅行家马可·波罗曾说福州的工商业非常发达。这个地方制糖很多，珍珠宝石的交易量也很大，经常有印度的船舶携带大量的贵重货物来此贸易。

郑和下西洋的重要基地——太平港

1405～1433年郑和率领庞大船队七下西洋。第一次是从刘家港（江苏太仓浏河镇）出长江口，泛海至福州外港——长乐太平港停驻，伺风开航西洋各地。太平港成为郑和下西洋重要的基地。郑和下西洋船队在长乐

福建长乐郑和雕像

福建长乐圣寿宝塔

太平港停驻时间最长的一次达 10 多个月；停驻期间，主要是为下西洋做好最后的准备工作，如招募富有航海经验的船工、火长，补给海程所需的各项物品。郑和船队所带的日常生活用品及用于交换用的商品多达 40 多类，除了在南京筹办外，一部分是在长乐太平港补充的，福建的茶叶、雨伞、樟脑、各色纺织品、瓷器等都是郑和下西洋所带的重要物品，素负盛名的福建盐、油、糖等亦是船队的生活必需品。长乐圣寿宝塔是当年俯瞰太平港的瞭望塔，也是郑和下西洋船队进入太平港的航标塔。

郑和船队的停驻促进了口岸的商品贸易。2 万多人在停驻期间的生活消费及各种船上必需品、贸易品采办，都需要从市场得到补充，因此，太平港岸上开店贸易，一时人如云集，形成大的集市。福州港在海外也得到宣扬，提高了知名度。一些经郑和招徕来华进贡的国家，贡使来中国都选择福州港为转口口岸。如永乐六年（1408），渤泥（今加里曼丹岛北部）国王那惹加那率其妻子、陪臣来中国朝贡，曾停驻福州港。永乐十八年，古麻剌朗国（今菲律宾棉兰老岛）国王剌亦敦也率其妻子、陪臣来华朝贡，返程时也在福州港停泊。这说明福州港已成为各国贡使喜欢落脚的港口。

与琉球的朝贡贸易

明清政治大一统，社会稳定，琉球与中国确立了宗藩关系。明初，将泉州港作为中琉朝贡贸易的合法港口。但由于福州距离琉球更近，加上政府派遣的负责运载琉球贡使、贡物船舶上的36户船工、水手的籍贯大多属于福州，使得朝贡船只大多违例停靠在福州而不是泉州。成化年间，明政府接受了这一状况，把福州港作为中琉朝贡贸易的法定港口，之后福建市舶司也移到福州。

琉球的进贡次数，明初特许为一年一贡；永乐至景泰年间已是一年两贡或三贡；明成化以后被定为两年一贡，人数只许几百人。此后，琉球或两年一贡，或数年而仅有一贡。清代，中琉贸易比较稳定，始终保持"两年一贡"，但琉球通过接贡船、护难船、飘难船等方式，仍旧保证每年至少一次来福州通商贸易。除琉球商人来福州贸易之外，这一时期福建商人也到琉球经商。

琉球自身资源匮乏，它进贡给中国的物品大多来源于东南亚各国。琉球商人通常将中国的货物带去东南亚各国，然后在那里换取大量的当地特产，琉球使者前来朝贡将这些东南亚特产带到中国；或者是一些商人到东南亚各国收购当地货物，另一些人从事中琉贸易，这两方面的贸易均以琉球为中转地。因此，在福州港所进行的中琉贸易实际上是通过琉球为中介的福州与海外各国的贸易。在中琉贸易中，贸易所得利润大多归属琉球。根据《闽书》的记载，在中琉朝贡贸易中，琉球运往福州的商品主要有金银、粉匣、玛瑙、象牙、牛皮、香料、苏木、乌木、胡椒、硫黄、马匹等。

福州古港

茶叶的集散地

　　道光二十四年（1844），福州对外开埠，西方列强通过一系列不平等条约取得了福州港的各项管理权。而且，在国外航线上，外国船行控制了进出口商品运输的绝大部分；在国内航线上，外国船行也占据了土货贸易的很大份额。西方列强对中国港口的控制，归根到底是为了控制中国的经济和掠夺中国的财富。福州港通商后，鸦片、纺织品大量输入，茶叶等土货大量出口。咸丰三年（1853），由广州、上海出口闽茶的通道受阻，清政府随即解除了福州港茶叶出口的禁令，福州于是成为驰名世界的茶叶集中地。茶叶的出口也带动了其他商品的出口，进出口贸易总量全面上升。同治二年（1863），福州港进出口贸易总值在11个主要通商口岸中仅次于上海、汉口而位居第三位，其中出口商品总额仅次于上海而居第二位。到了19世纪80年代后，因为茶叶出口量减少，福州港在全国贸易口岸中的地位才有所下降。

刺桐之港——泉州港

泉州港位于福建省的东南部、晋江入海口之处，水陆交通便利，是古代中国著名的天然良港之一。入唐以后，随着福建南部社会经济的开发，与海外交往的兴旺，泉州港开始成为中国东南沿海对外往来和贸易的重要口岸之一。泉州港是"海上丝绸之路"的起点之一，是宋元时期世界上最大的港口之一，有"东方第一大港"之称。

刺桐花

刺桐是一种热带植物，原产于印度和马来西亚，由于和海外国家的交通而被移植到泉州。五代留从效初建泉州城时，就在泉州城种植刺桐，环城种植的刺桐非常茂盛，因而泉州又称为"刺桐"城。

泉州港的初兴

隋代时闽南地区尚未形成政治中心。唐景云二年（711），随着闽南生产发展、人口增多，将武荣州改名为泉州，归属闽州都督府管辖，从此确立了泉州作为闽南中心的地位。此后，泉州开始在福建的发展中发挥重要作用。

唐朝时期，阿拉伯人、波斯人和东南亚人从海外航行至泉州，进行物资贸易与文化交流。他们之中有的从事传教活动。伊斯兰教圣人穆罕默德有被称为"四大贤者"的四大门徒，一贤者在广州传教，二贤者在扬州传教，三贤者、四贤者在泉州传教。三贤者、四贤者死后葬于灵山，称为圣墓或三贤四贤墓。历代多次修整。现存两石墓志并列，墓上有石亭，墓后依山势砌有半圆形石护墙，并建石回廊。廊内立碑刻五方，最早者是立于元至治二年（1323）的阿拉伯文碑。右侧一方即郑和行香碑。

唐元和年间（806—820），唐朝政府为了加强对外贸易管理和促进泉州港的发展，在泉州设立了具有市舶司性质的参军事，负责泉州港的对外贸易。到了唐末天祐元年（904），三佛齐（印度尼西亚苏门答腊岛）曾遣使蒲阿粟到泉州贸易。从此，来泉州港的船舶日渐增多，泉州港逐步走向繁荣。

《世界回教史》中写道："唐天授间，泉州，广州、扬州并称为我国南方三大贸易港，与中东交易频繁。阿拉伯人侨居上述三港，数以万计。"在大量外国人来到泉州贸易的同时，越来越多的泉州人也开始走出国门。阿拉伯人马苏第于公元943年经过苏门答腊岛时发现有许多中国人在这个岛上耕作。

五代时，王审知治理福建，在发展福州港的同时也大力发展泉州港，使泉州港较唐代更为繁盛，成为招徕海外商人的重要口岸。当时，王审知侄儿王延彬担任泉州刺史（一州的行政长官）总共20余年。王延彬注重发

泉州伊斯兰教圣墓

展海外贸易，多次派遣船队进行海外贸易来补充财政支出，每次在大海中遇到惊涛骇浪从来没有损失，因此被称为"招宝侍郎"。当时从海外开来的商船，大多停在泉州港。同时，闽国将大量舶来品进贡给中原政权，品种数量甚多。如王审知及其子进贡给后唐的有象牙、犀角、香料、珍珠、玳瑁、龙脑等。闽国有这样多的舶来珍品进贡于中原，与泉州港发达的海外贸易密切相连。

随着泉州对外贸易的扩大，泉州城池也在扩展。五代时王延彬首先扩大城池。到了后晋开运元年（944），留从效任泉州刺史，又对城池进行一次扩建，并绕城种植刺桐树，夏令时节开花，灿若红霞，非常鲜艳，外国商人特别喜欢。泉州的"刺桐港"之名，从此开始。

涨海声中万国商——宋代刺桐港繁盛的海外贸易

南宋王朝为了增加国库收入，大力鼓励发展海外贸易。北宋时广州港对外贸易最盛，而南宋末至元代，泉州港则超越广州港，跃居全国首位。

宋元祐二年（1087），泉州设立市舶司，之后又设柔远驿，负责接待朝贡使臣和外商。泉州市舶司的主要职责是检查外国货物、办理船只入港手续、征收关税，此外还兼管对外贸易事务、出售国家垄断商品、招徕外国商人、祈风、祭海等。

为了发展海外贸易，泉州市舶司和地方官吏，每年在海舶入港或出航的季节，特地为中外商人举行"祈风"或"祭海"活动，来祈求一路平安。

宋代泉州港与亚洲广大地区以及东非沿海的许多国家有贸易关系。宁宗开禧二年（1206）成书的《云麓漫

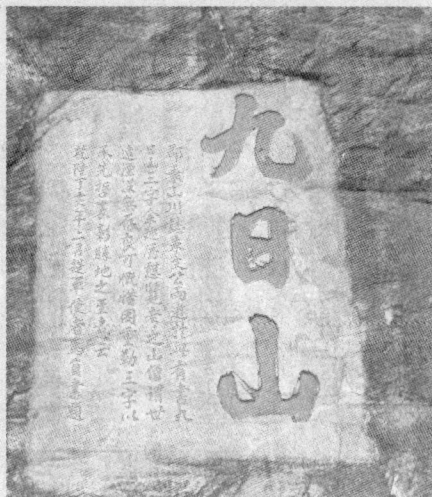

九日山摩崖石刻

钞》中记载与泉州通商的海外国家有31个。20年后，宝庆元年（1225）任泉州市舶提举官（负责海上贸易与外交往来的官员）的赵汝适，在《诸蕃志》中写道，泉州港的海外贸易范围东起菲律宾，西到非洲东岸，北到日本、朝鲜，包括西太平洋与印度洋在内的58个国家和地区。

南宋末期，阿拉伯人蒲寿庚被任命为泉州市舶提举，掌管泉州海外贸易30年。他利用自己的海外影响，广招蕃舶，许多阿拉伯商人来到了泉州。当时泉州港经常呈现"风樯鳞集，舶计骤增"的盛况，定居在泉州近20年

的李那曾对泉州有"涨海声中万国商"的赞语。

蒲寿庚（1205—1290），号海云，阿拉伯穆斯林商人的后裔。宋朝末年福建行省安抚沿海都制置使兼泉州市舶司提举，元初官至江淮等处行省中书左丞兼泉州分省平章事，是宋元时期"蕃客回归"的代表，对泉州海外贸易的发展有着重大的贡献。他在南宋末继承父业，经营香料的海外贸易，并协助官府平海寇有功被授官职，亦官亦商，"擅蕃舶利三十年"，不但拥有雄厚的海上实力，而且掌握着闽粤两省的军事、民政大权，成为宋元鼎革之际一位举足轻重的人物。他弃宋降元后，更被元廷所重用，继续负责泉州的海外贸易，促使泉州港的海外贸易达到空前的繁荣鼎盛，跃居世界大港。

宋代泉州的造船业也很兴盛。北宋宣和年间（1119—1125），朝廷多次向福建等地雇募客船，以便出使高丽。1974年，泉州湾后渚港海滩里发掘出一艘宋代海船，这艘宋代古沉船残长24.4米、残宽9.15米，据估算，排水量近400吨、载重200吨，是一艘首部尖、尾部宽、高尾尖底"福船"类型的海船。从泉州湾出土的宋代海船的船舱中发现有大量的香料木，经

《云梦漫钞》书影

鉴定有檀香和沉香等，还有胡椒、槟榔、乳香、龙涎香、玳瑁等。这些物品多数产自占城、三佛齐，这是宋代泉州海商贩运进口商品的重要物证。宋代经泉州港出口的商品，有陶器、瓷器、丝绸、绢帛、铜、铁、铅、锡、金、银、钱币、铁器、漆器、糖、酒、茶叶、朱砂、大黄等60多种，其中以瓷器、丝织物为主要输出品。

宋代从泉州港进口的商品有玳瑁、犀牛角、象牙、珊瑚、玛瑙、香料、

胡椒、肉豆蔻、龙涎香、龙脑、苏木、硫黄、琉璃、芦荟、菠萝蜜、椰子等，其中以乳香等香料输入数量最多。

元代东方第一大港

元代泉州港的对外贸易达到极盛时代，泉州港一跃成为梯航万国、舶商云集的东方第一大港。

元王朝继续执行招徕外商来华贸易的政策。元至元十四年（1277）在泉州设立市舶提举司，管理海外贸易，并任用原南宋掌管泉州市舶司的蒲寿庚继续主持泉州市舶提举司的工作。

元代泉州港对外贸易的地区与南宋相比进一步扩大。据汪大渊的《岛夷志略》记述，除南宋《诸蕃志》记载的地方外，又增加了今越南、泰国、缅甸、马来西亚、新加坡、印度尼西亚、菲律宾、印度、斯里兰卡、伊朗、埃及等10余个国家的近40个地方。

元代泉州港进口的商品，以乳香、沉香、木香、檀香、茴香等香料为最多，其次为棉花、木棉花布等衣料品，

后渚古船——泉州港出土的宋代古船

再次为胡椒、菠萝蜜、宝石、珍珠等。马可·波罗曾说过，印度船运载香料及其他贵重货物来到泉州港，波斯、阿拉伯等地商人也来到这里，香料、珍珠、宝石输入之多不可胜数。与此同时，中国的海船也从泉州运出生丝、绸缎、金饰等货物到世界各地，再运回胡椒、豆蔻、纱布、珍珠、宝石等物。他曾做了一个这样的比喻：当时与泉州港齐名的埃及亚历山大港，如果有一船胡椒运去西方国家，就会有一百艘装载胡椒的船运来泉州港。他赞美泉州港是当时世界最大良港之一。元代泉州港出口的商品，有丝绸纺织品、瓷器、金属品、食品、医药品等；其中，泉州产的"泉缎"，驰名海外，远销世界各地。伊本·巴图塔说，至元六年（1340）元朝遣使往印度，赠予国王锦缎500匹，其中有100匹是"刺桐城"织造的。

比马可·波罗晚半个世纪抵达泉州港的伊本·巴图塔，在他的著作里还说到，大食、波斯的商人侨居泉州的很多。波斯的兵器、铜器、皮货等由泉州输入中国内地，而泉州的瓷器则输往印度、阿曼等地。他赞扬刺桐港为世界最大港之一。他目睹港内有大船数百、小船无数。由此可以看出，元代泉州的对外贸易确实达到了空前繁荣的阶段，进出口贸易额居世界大港前列，并有东方第一大港之称。

泉州港的衰落

元末至清初，泉州多次受到战乱影响，而且晋江的日渐淤塞，加上封建政府采取了一系列限制对外贸易的措施，以及福建地区经济的衰退，泉州港逐渐走向衰落。

从明代开始，世界航运形势发生了变化，阿拉伯人海上势力逐步走向没落，这也影响了泉州的繁华。欧洲商人试图通过黑海和借道非洲前往东方的道路先后两次遭到奥斯曼土耳其帝国的阻止，直到1492年意大利人哥伦布发现新大陆和1497年葡萄牙人达·伽马发现通往印度的新航路才得以实现。与阿拉伯人海上贸易的衰落使得泉州失去了一个重要的海外贸易伙伴，这大大缩小了泉州港的贸易范围，影响了泉州港的对外贸易。

明代由于施行严厉的海禁政策，泉州港只能和琉球进行朝贡贸易，使泉州港对外贸易受到极大限制。成化十年（1474），市舶司移设福州，泉州的柔远驿也随同市舶司废置，标志着泉州港外贸地位的下降。清代，在清初战争和海禁、迁界的影响下，泉州的社会经济遭到严重破坏，著名的泉州港便逐步退出了历史舞台。

达·伽马的航运线路

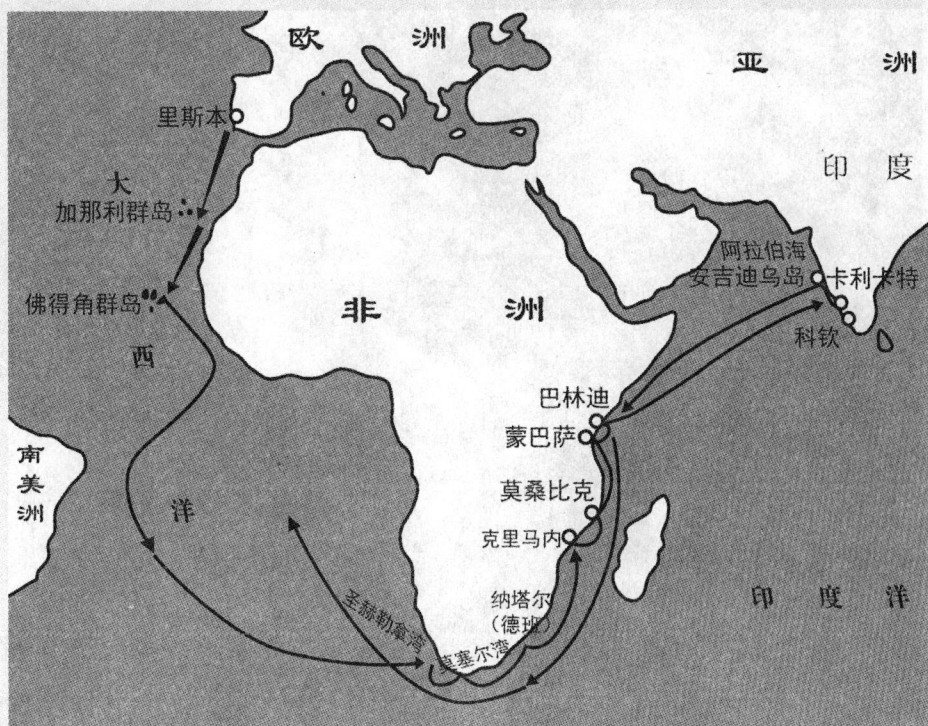

天子南库——漳州港

漳州月港遗址

漳州港位于我国东南沿海的福建南部、九龙江的入海口，与台湾隔海相望，地理条件优越，是我国古代海上丝绸之路的重要起点之一，从唐宋时期就开始与海外国家开展贸易。明代漳州海澄镇的月港兴起，一时中外商船会聚、百货辐辏，是福建历史上的"四大商港"之一，在我国海外交通和贸易史上占有重要地位。

漳州港的早期贸易

"漳州"这一地名第一次出现在历史上是在唐朝。在此之前，据史料记载，周朝时就已经有族群在漳州地区生活，由于主要分为7个族群，因此漳州地区也被称为"七闽之地"。《禹贡》将漳州划在了扬州境内。到秦朝时漳州地区正式进入了中央版图，被列入闽中郡。西汉初年，分封诸侯，漳州被一分为二：北部属于闽越国，南部属于南海国。西汉昭帝始元二年（前85），取消了闽越国和南海国，漳州的北部划归会稽郡冶县，南部划归南海郡揭阳县。东汉献帝建安初年隶属于侯官县；晋朝时属晋安郡和义安郡；南朝陈国时归属闽州又

属丰州。隋朝初期归属泉州和建安郡管辖。直至开皇十二年（592），今漳州地区才结束了分属两郡的局面，但不久后漳州地区的县治逐渐撤销。唐朝初年将漳州划入了岭南道。唐垂拱二年（686），陈元光来到漳州追捕从潮州潜逃至此的盗寇，在平定寇乱后上书请求在漳州地区设置州县。朝廷同意了陈元光的意见，下令设置漳州，下辖漳浦、怀恩两县，治所设在漳浦，隶属福州。由于该地多瘴疠，百姓和官员深受其害，州治多次迁移。到了唐贞元二年（786），州治迁移到龙溪县，也就是今天的漳州市区。州治稳定后的漳州，管辖范围不断扩大，甚至包括了今龙岩市的部分地区。元至正十六年（1356），漳州升为漳州路，下辖龙溪、漳浦、龙岩、长泰和南靖5个县。明洪武元年，漳州路改为漳州府，隶属于福建承宣布政使司。

漳州从设立之初就是一个靠着贸易兴起的城市。漳州港在漳州城发展中占有着重要地位，唐宋时期漳州港的贸易对象主要是东南亚地区。漳州地区有文献记载的海外交通始于五代时期。南唐保大末年（958），三佛齐李姓将军携带货物来漳州贸易，并

靠着贸易所获收益在城西营修建普贤院。北宋建立后，割据闽南地区的留从效、陈洪进曾多次进贡，贡品中各种香料数量巨大，如北宋开宝九年（976），陈洪进之子、漳州刺史陈文颖的贡物中就有香料5000千克、象牙1000千克，这些贡品无疑是来自于海外贸易。宋代，漳州的海港作为泉州港的附属港口得到继续发展。九龙江口的海口镇（今厦门海沧）是漳州主要的港口，北宋时政府在此设置"场务"，征收商税。宋元时期漳州海外交通贸易的初步发展，特别是九龙江口海口镇的兴起，为明代漳州月港的兴盛奠定了基础。元末的社会动乱给泉州港带来严重破坏，而明王朝所施

月港遗址

行的"海禁"政策更是使泉州港的复兴希望破灭了。在泉州港走向衰落之际，漳州月港开始兴起，闽南区域的海上贸易中心逐渐转移到漳州月港。

漳州月港的兴起

进入明代，我国东南沿海的商品经济得到了快速发展，出现了资本主义萌芽，狭小的国内市场已经不能满足商品经济进一步发展的需要，必须扩大国外市场，加强同海外的贸易往来，因此民间对于与外国通商贸易具有极大的需求。殖民者在占据了东南亚诸岛之后，将目光投向了中国。他们迫切需要同中国进行商业贸易，希望能从这个庞大的市场攫取高额的利润，并借助中国丰富的产品来保障殖民地的日常生活。

但明王朝出于巩固自身统治的需要，早在明初就实行了严厉的海禁政策，严禁民间出海通商，甚至发出了"寸板不许下海"的命令。这种政策严重束缚了中国民间的海外贸易活动，也让垂涎这个庞大市场的西方人十分失望。

不过无论是什么时候，为了利益铤而走险的人永远存在。明嘉靖四十四年（1565），占领了宿务岛（位于菲律宾群岛）的西班牙海军上将黎牙实比向西班牙国王报告，在距离宿务岛不远的吕宋岛和民都洛岛（位于菲律宾群岛）之间有大量的中国人和日本人在进行贸易活动。在明政府严厉打击出海贸易的嘉靖年间，这些中国人是从什么地方出海的？答案就是位于福建漳州的月港。

月港又称月泉港，位于今天龙海县海城镇，漳州城东南25千米处，因"一水中堑，环绕如偃月"而得名。明代，虽然实行严厉的海禁政策，但由于月港远离省会，地处一隅，明政府在此的控制力极其有限，因此当地的私人航海活动十分频繁。当明朝政府决定开海禁时，就不能不考虑沿袭闽人从此处出洋的习惯。另外，月港为内河港口，它的出海口在厦门，月港的管理官员只需在厦门设立验船处就可以对进出口商船实行监督，避免出现隐匿宝货、偷漏饷税等现象；且当厦门出现倭患或海寇而发出警报时，停泊在月港的商船便可以有足够时间转移或采取防范措施。月港距离省城较远，也并非市舶司所在地，海外贡船一般不从此进入中国，不易发生扰乱事件。景泰四年（1453），月港的海外贸易开始兴起，成为民间对外走私贸易港。成化八年（1472），市舶司由泉州迁往福州后，这里更是成了民间海上走私贸易的中心。成化、弘治年间（1465—1505），福建人出海贸易都是从漳州月港出发，月港一时"人烟辐辏，商贾咸聚"，被称为"小苏杭"。正德年间（1506—1521），广州港暂时关闭，一时间中外商船都停靠在漳州港附近。此时的月港一度超过广州港、福州港，成为中国最繁荣的外贸港口。由于航海、贸易的发达，月港周边渐渐变为繁荣的商业城市，有居民数万户，商船四通八达、穿梭不息。

天子南库——漳州月港繁荣的对外贸易

面对漳州月港日益严重的走私贸易，明朝政府不得不采取应对措施，以减少财政收入的损失。为此，明中期海禁政策逐渐松动。嘉靖九年（1530），明政府在月港对岸海沧设安边馆，加紧控制月港航海贸易。嘉靖三十年（1551），在月港设靖海馆，直接管辖月港贸易。这一切努力均不能阻止走私贸易的进行，反而引起沿海人民的反抗，出海贸易的人越来越多。在边民及海商的推动下，明政府于隆庆元年（1567）成立海澄县，并在当年开放月港为"洋市"，从此月港成为开放的外贸商港，进入了迅速发展的新时期，当时葡萄牙、西班牙、日本等地商船相继来月港贸易。月港附近海域，每天都是"富商远贾，帆樯如栉，货物浩繁"。月港一带居民靠着对外贸易积累了大量财富，普通民众穿着的衣服都相当华丽。漳州月港开禁时年征收税款3000多两银币，万历四年（1576）增至1万两，万历十三年（1585）增至2万两，万历二十二年（1596）增至2.9万两，万历四十一年（1613）达到了3.5万两，被誉为"天子南库"。漳州的海岸线长，加上民间贸易兴盛，故实际的税收额要比官方统计的要多。

通过月港，漳州等地居民不仅首次接触到外国银币，而且很快将它当作通行货币。荷兰铸币通过贸易，从16世纪末至20世纪40年代源源不断地流入闽南，时间长达300多年。"马

荷兰马剑银币

剑"银币，因币上有西方人骑马持剑而得名，其中圆形马剑币，由于其重量足，成色好，因此民间多用于储存或熔化改铸。

按照明代的地理概念，漳州月港的海外交通贸易的主要地区，是所谓的"东西洋"。"东洋"，指文莱以东的岛屿，即今菲律宾群岛、马鲁古群岛、加里曼丹岛的文莱国;"西洋",指文莱以西的东南亚各国和南印度洋沿岸一带,即今中南半岛、马来半岛、印度尼西亚群岛地区。据《东西洋考》记载,月港的商船到达"东洋"的地点主要有菲律宾群岛的吕宋(今马尼拉)、大港(今吕宋岛北部的阿帕里港)、南旺(今吕宋岛北部)等地。到达"西洋"的地点主要有交趾(今越南北部)、占城(今越南南部)、暹罗(今泰国)、旧港(今印度尼西亚苏门答腊岛)、文郎马神(今印度尼西亚加里曼丹岛)等。

月港当时与印度半岛、南洋群岛及朝鲜、日本、琉球等47个国家和地区往来,出口货物多达100余种,主要包括绢、绸、漳纱、蔗糖、柑橘、荔枝、龙眼、瓷器、漆器、金银首饰等。当时漳州月港从国外输入的物资主要有象牙、胡椒、苏木、檀香、沉香、丁香、木香、乳香、没药、豆蔻、犀牛角、玳瑁、紫檀等。

漳州窑五彩罗盘舟楫帆船鱼纹盘:盘子中心的圆圈里写着"天下一"字样,周围写有24个楷书铭文。盘壁内饰精美图案。大盘中心有作为定向工具的指南针,指南针在北宋时已应用于远洋航海。瓷盘中另绘有星宿图,古代天文学家把黄道(太阳和月亮所经天区)的恒星分成28个星座,将印度、阿拉伯人的航行经验与中国传统的航海术相结合,体现了东西方文化的融合。

漳州窑五彩罗盘舟楫帆船鱼纹盘

漳州月港的衰落

漳州月港的兴起是特定时期的产物，随着时间的推移以及西方殖民者的骚扰，它逐渐走向衰落。从万历三十二年（1604）开始，荷兰殖民者不断侵扰我国东南沿海进行殖民掠夺。从1622年10月至1623年5月约半年的时间，荷兰殖民者就绑架了1400多名我国的沿海居民，并准备将他们贩卖到巴达维亚。此后沿海居民几乎不敢再出海贸易，曾生气勃勃的月港因

晏海楼——月港兴衰的象征

此日渐萧条。

清初，漳州地区是郑成功抗清力量与清廷的必争之地，这里战事不断。为平定郑氏，清政府实行海禁，把沿海居民迁入内地，这给月港的海外交通带来极大的破坏。郑成功以厦门为抗清据点，把厦门港作为对外贸易的港口，大力经营，这为厦门港之兴起提供了一个很好的时机。厦门港港阔水深，在月港外侧，更适合大船通行。郑成功为了打破清政府的封锁，也积极开展海外贸易，促使厦门港日趋繁荣。康熙二十三年（1684），清王朝在厦门正式设关征收税务，漳州月港的贸易作用完全被厦门港取代。

印度尼西亚雅加达国立博物馆藏出水漳州窑瓷器

广州
古港

南海古港

南海位于中国大陆的南部，北与东海相连。南海在汉代、南北朝时称为涨海、沸海。清代以后逐渐被称作南海。南海地区有着以广州港、徐闻港、合浦港为代表的优良古港。广州港位于珠江的入海口，历史悠久，是海上丝绸之路的重要起点、唐代全国第一大港。徐闻港位于雷州半岛的最南端，与海南岛隔海相望，是汉代海上丝绸之路的始发港，在海上丝绸之路的发展中占据重要地位。合浦港位于北部湾北部海岸，盛产珍珠，素有"南珠故郡，海角名区"的美誉。合浦地理位置优越，是我国古代经略海外的重要基地，并与东南亚国家有着频繁的贸易往来，使得北部湾地区拥有"小地中海"之称。

涉外之窗——广州港

广州港位于珠江的入海口，地理位置优越，内河广布，腹地广阔，物产丰富，有"南中国的门户"之称。广州港历史悠久，早在2000多年前的秦汉时期就是当时重要的外贸港口。唐代广州港是当时全国最大的港口，唐宋时期从广州港出海的"广州通海夷道"是当时世界上最长的远洋航线，清代广州成为中国唯一的对外通商口岸。古代的广州港是"海上丝绸之路"的重要起点之一，今天的广州港是华南地区重要的出海门户。

港市的形成——番禺古港

秦汉之前的岭南地区，是我国少数民族越人聚居的地方，号称"百越"，又叫作南越。据考古发现，位于今天广州东郊的3000年前新石器时期的文化遗址，不但发掘出了石器、石斧、石镞等工具，而且还有大量的仿制商周青铜器的陶片。这足以说明当时广州不但有居民点，而且还具有相当水平的物质生活和文化生活。

秦始皇三十三年（前214），秦朝在岭南地区实行郡县制，设南海、桂林、象郡。南海郡就是今天的广东。南海郡的治所设在番禺（广州的前身）。南海郡尉任嚣在广州修建番禺城，又名"任嚣城"。番禺城是一座规模很小的城市，这是广州历史上比较可信的一次早期的建城活动。秦始皇三十四年，在秦朝统一岭南之后便开始向岭南地区移民，将汉人与越人杂处，从事岭南地区的开发。大批中原移民南下，给这个地区带来了先进的生产技术和中原文化，加速了中原人民与少数民族的融合，促进了岭南地区的发展。

番禺位于西、北、东三江的下游，三江犹如玉带般环绕着番禺。番禺南面又濒临浩瀚的南海，是岭南地区水运的枢纽，地理位置优越。成书于西汉初期的《淮南子》记载了早在秦始皇派50万大军进攻南越时番禺城就已经是当时的一大都会。《史记·货殖列传》中列举了汉初全国的19个商业城市，其中特别突出了9个城市，称

陶侍俑灯座

为"都会",而番禺就是9个"都会"之一,同时还特别指出番禺地区凭借着珠玑、玳瑁、犀牛角、象牙闻名于世。

秦汉时期,番禺港开始形成并成为当时南中国的一个重要对外贸易港口。当时的主要贸易对象是东南亚地区,同时也与印度洋沿海甚至罗马帝国有着贸易往来。当时的进口物品多为珠宝、犀角、象牙等奇珍异宝,出口的物品多为黄金与丝绸。广州汉墓出土的文物中有较多的串珠,这些串珠包括玛瑙、鸡血石、水晶、硬玉、琥珀和玻璃等不同质料的物品,还有颜色、形式各异的玻璃珠、玻璃碗等。这些物品与中国传统的工艺品差异很大,应是通过海外贸易输入的。在西汉中期到东汉后期出土的墓地中发掘出一种托灯的侍俑,深目高鼻,两颧突出,据研究这些侍俑可能来自于西亚或非洲的东海岸。

秦始皇统一岭南地区,促进了岭南地区的大发展;汉代海上丝绸之路兴起,广州港成为连接东西方文明的重要桥梁。

广州港的崛起

东汉时期,岭南地区归属交州刺史部管辖。东汉末年,孙权兼并刘表的领地之后,他的势力不断向岭南地区扩张。东汉建安十五年(210),孙权派鄱阳太守步骘为交州刺史。步骘将交州的治所从广信(今广东封开)迁到了番禺,修筑原南越都城旧址并且扩大了番禺城的规模,这样岭南地区的政治中心便又回到了番禺,番禺港也因此获得巨大发展。黄武五年(226),孙吴政权决定将合浦以南划归交州(今越南北部和中部、广东雷州半岛和广西南部)管辖,合浦以北划归广州管辖,"广州"的名称从此开始使用并一直沿用至今。孙权分交、广两州的目的是为了加强对岭南地区的开发和控制,但客观上却对广州港市的发展产生了深远的影响,从此之后广州港的发展速度大为加快。

孙吴政权"以舟楫为舆马,以巨海为夷庚(平坦大道)",非常倚重水上力量,特别注重发展水路交通。因此,广州作为当时重要的对外贸易港口,其地位日益提高,孙吴时期便开通了自广州启航经过海南岛东部海域穿越西沙群岛海面，最终到达东南亚的便捷航线。1957年广东省博物馆在西沙群岛进行考古调查时，在西沙群岛北部的礁石上发现了南朝时期的六耳罐和海环，证实了这条航线的存在。这条航线的开通，大大缩短了从广州到东南亚各国的航程，直接导致了北部湾沿岸港口的衰落，广州港在此以后一直是岭南地区最大的港口。由于装载量的增大，航海的船舶不必

南朝时期的青釉六耳罐

沿海岸逐站补给，而且可以冲破险阻直接在深海区航行，由此既具有海河港口功能又拥有广阔贸易腹地的广州港便成为南海上航行船舶停靠的首选。

魏晋南北朝时期，广州港作为南海地区最重要的贸易港，与海上各国的联系更为广泛。当时扶南国（今柬埔寨）商人经常到广州贸易。《南齐书·扶南传》记载，扶南王派商人携商品到广州贸易，其他南洋诸国的商货也大多集中到广州交易。同时，史书上也记载了这一时期有很多外国商人从印度乃至非洲、地中海沿岸经海上前来广州。西晋太康二年（281）大秦（今罗马帝国）皇帝派遣使者从海前来中国时，就曾经到过广州，再转往京师洛阳。当时前来广州通商的国家和地区有大秦（今罗马）、天竺（今印度）、狮子国（今斯里兰卡）、占婆（今越南南部）、扶南等。中国的商船则以广州港为起点，穿越马六甲海峡，横渡孟加拉湾、波斯湾，进入红海，通过转运的方式与地中海沿岸的国家和地区进行贸易往来。当时输入的外国商品以象牙、犀牛角、珠玑、玳瑁、琉璃器为主，输出的商品主要有丝绸、陶瓷、漆器等。由此反映了当时作为南海交通要冲的广州港对外贸易的繁盛状况。

公元3世纪到6世纪是我国古代南北分裂的时期。由于六朝政权偏安南方，原本不受中央王朝重视的岭南地区也得到了重视。由于当时孙吴、东晋政权重视对外贸易，加强与东南亚、印度洋沿岸国家的交流与贸易，广州作为南海上最重要的港口得以快速崛起。

唐代第一大港与广州通海夷道

港口的发展是以海上交通线路的不断开辟，以及随之而来的海外贸易发展为前提的。唐代，由于通夷海道开辟和海外贸易地区的扩大，广州迅速发展成为世人瞩目的大都市。此时的广州港被文人们形容为"地当要会，俗号殷繁"，成了闻名遐迩的重要口岸城市。

唐代广州港的外港在扶胥（今之黄埔、庙头一带），也就是韩愈所说的"扶胥之口，黄木之湾"。隋开皇年间（581一604）在扶胥修建南海神庙，世称波罗庙。航海的船客商人先

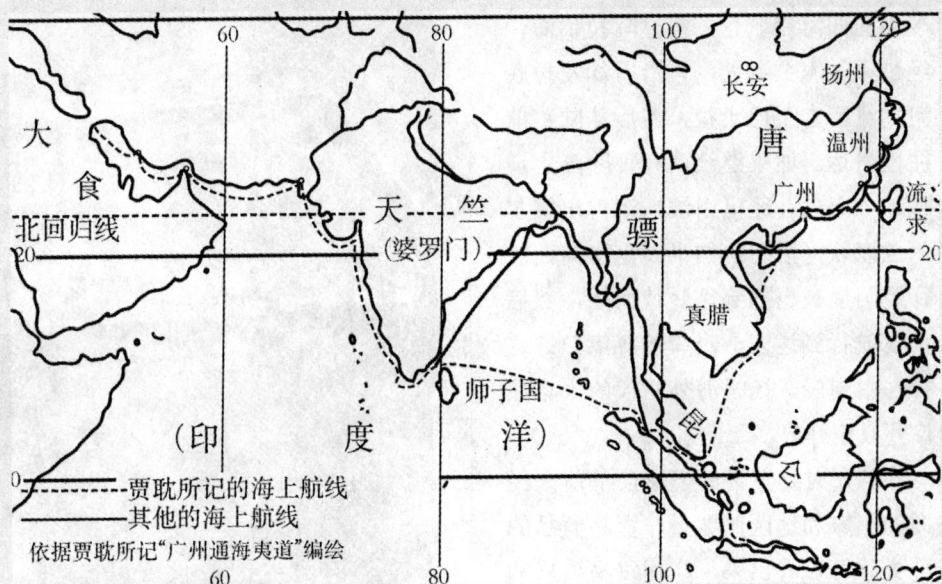

广州通海夷道路线图

在海神庙祭祀，祈求"一帆风顺"；并补充好淡水、粮食、蔬菜及日用品，然后由此出海。当时的广州港，已经能够容纳大小海船千余艘。广州城区随着对外贸易的发展而不断扩展，商业区甚至扩展到了城外。由于唐代广州对外贸易的繁盛，政府在广州设立市舶司管理海外交通和海外贸易事务，在外国商船入港时检查并保管船上的货物，同时负责征收关税。广州是我国历史上第一个设立市舶司的港口。

由于航海技术的不断提升，唐朝时广州港出海的远洋航线逐步形成了一个庞大的航运网络，其中最著名的一条远洋航线就是贾耽《皇华四达记》中记述的从广州始航前往阿拉伯地区的"广州通海夷道。"这条航线是从中国的广州开始，经过海南岛的东南部，沿着印度半岛东岸前行，驶过暹罗湾，顺着马来半岛南下，跨过苏门答腊岛东南部，抵达爪哇岛。再向西驶出马六甲海峡，经过尼科巴群岛，横渡孟加拉湾至狮子国，再沿着印度半岛的西海岸航行，渡过阿拉伯海，经过霍尔木兹海峡，再沿着幼发拉底河溯流而上至巴士拉，然后从陆路前往巴格达。如果继续西行，除陆上通往地中海外，还可由波斯湾再出霍尔木兹海峡，沿阿拉伯半岛南岸向西航行经阿曼、也门到达曼德海峡，然后南下航行到达东非沿岸的各港口。这样，中国船队扬帆海外时代的大幕在广州真正开启。

广州对外贸易的发展，从前来经商的国家和地区的数量、贸易商品的种类就可以看出来。广州贸易繁盛的时候，日本、朝鲜、东南亚各国、南洋群岛、印度、波斯、阿拉伯、非洲东岸等地都有商人前来贸易。唐代著名诗人刘禹锡的诗句"连天浪静长鲸息，映日帆多宝舶来"就反映了当时广州港繁盛的贸易景况。

传说一位天竺（印度）属国波罗使者来华，因故误了归期，终老于广州，后被封为"达奚司空"，建海神庙供奉及南海神庙。因为这位使者来自波罗国，带来了波罗树，并且将此树种在了南海神庙中，神庙在汉族民间又被称为"波罗庙"，设定的生日也被称作"波罗诞"。南海神庙是中

南海神庙

112

国古代国家祭祀南海神的场所，坐落在广州东郊，是我国古代国家级海神庙中唯一留存下来的建筑遗物。始建于隋朝开皇年间，距今已有1400年的历史。因此南海神诞也就被称作"波罗诞"。每届诞期，各地的人们，都纷纷前来朝拜，成了岭南地区盛大的传统庙会。

随着海运交通地区的扩大、商舶往来的增多，广州地区商货辐辏，海外奇珍异宝和香料等舶来品尤为丰富。不少外商在广州经营宝货生意，吸引各地商人前来交易，形成国际性的珠宝市场。除了奢侈品和香料，广州还进口昆仑奴。据考证，昆仑奴即非洲黑人，由阿拉伯人贩卖至中国。当时的人们对广州有着"雄藩夷之宝货，冠吴越之繁华"的赞誉，考证出现了海外贸易繁盛的局面，吸引了大量的外国商人前来经商贸易。广州港作为当时中国最大的港口，更有近万名阿拉伯人、波斯人等蕃客，并形成了外国商人居住的蕃坊。

驰名中外的东方大港

宋元时期，指南针开始普遍运用于航海之中，极大地促进了远洋航行的发展。北宋初年宋太祖赵匡胤平定南汉时，就在广州设立了全国第一个市舶司。当时由于吴越和闽的割据政权仍然存在，所以广州也是北宋唯一的对外贸易港口。之后，两浙和福建地区相继收复，并设置杭州、明州、泉州市舶司，但"三方唯广最盛"，三方指广南、福建、两浙三路。宋代诗人程师孟有一首诗描述了当时广州港的盛况："千门日照珍珠市，万瓦烟生碧玉城。山海是为中国藏，梯航尤见外夷情。"南宋初年，广州市舶司收入居全国首位；南宋后期，泉州渐渐迎头赶上，广州港居于次席。

南宋末年，由于广州是南宋王朝的最后一个据点，所以广州在战火中受到了十分严重的破坏，损失了大量的船舶，这对广州港的发展影响极大。入元以后，凭借着自身的"南大门"区位优势和古港的优良传统，广州港开始进入恢复阶段。广州港史繁荣"视昔有加"，这也给广州港在明清时期成为全国第一大港筑下了根基。

据宋人赵汝适的《诸蕃志》记载，宋代与广州有贸易往来的国家有50多个。元人陈大震的《南海志》则记载，元代与广州有贸易往来的国家和地区达140多个。这说明元代的海外贸易较之宋代更加繁荣，贸易范围也更为广大，同时也证明广州在元代依然是一个繁忙的对外贸易大港。阿拉伯旅行家伊本·白图泰称赞广州是世界上的大城市之一，商人们由此将瓷器转运至中国各省及印度、也门。与马可·波罗齐名的意大利旅行家鄂多立克在其著作《东游录》中写道，广州是一个比威尼斯大三倍的城市，该城拥有数量极其庞大的船舶，整个意大利都没有这一个城的船只多。

广州是宋代最主要的对外贸易港，大多数种类的商品都经此地流入流出。据记载，北宋时广州港的进口商品有七八十种之多；南宋时更为丰富，有330多种。这些进口商品主要分为香药、宝货、金属制品、布匹、食品、工业原料等几大类，其中又以香药为最大宗。出口的商品仍以丝绸、瓷器为主，增加了各种金属制品和生活用品（如草席、绢扇等），以及农副产品（如粮食、茶叶、酒、糖等）的外销。元代广州进口的商品，据《南海志》记载，分宝货、香货、药物、木材、布匹、皮货、牛蹄角、杂物等类，出口仍以丝绸、瓷器、铜钱、铁骑、铜器为大宗。在广州港的进口物品之中，香药一直是非常重要的组成部分。广州进口的香药占宋代进口商品的1/3以上。宋代的皇室配有专门的香药库，除了部分药用、部分用作食物调料，还有很多是为了满足权贵阶层的熏染衣物、焚烧闻嗅等用途。

明代广州的海外交通和贸易一直处于非常繁荣的状态，在明太祖时期设立了市舶司，而且是明朝官方指定贡使最多的一个口岸。为了更好地对朝贡使团进行管理和接待，永乐三年，明成祖在广州设置怀远驿。嘉靖年间，明朝废除了浙江、福建两个口岸，仅留广州一港，此后广州在全国对外贸易中长期处于垄断地位。嘉靖三十二年（1553），葡萄牙殖民者通过行贿广东地方官，以租借的名义占据了澳门。万历六年（1578），葡萄牙人的商船被允许进入广州港贸易，促进了广州港的繁荣，同时澳门作为广州港的外港也得到了快速发展。

清代广州古港

清代广州的"一口通商"与十三行

清初为防范台湾郑氏反清势力，在东南沿海实行海禁，广州是当时唯一的外贸口岸，时断时续直至 1842 年。"一口通商"的特殊地位，促进了广州的繁荣。由于清政府实行闭关锁国的政策，在当时的海禁政策之下广州依然是我国对外交通的重要港口，并且兴起了半官半商的"十三行商"代理外贸业务。康熙二十四年（1685）粤海关成立的时候，外国商船来广州进行贸易活动。由于清政府规定，外国商人不准与中国商人直接进行买卖，外商必须通过牙商（撮合货物销售的中间人）开展贸易活动。十三行就是官方指定的管理外商贸易的牙商。商行负责经销外商运来的所有物品，代缴关税，代替外商购买出口物资，监督外商行动，以及代替政府向外商传达政令，外国商人找商行贸易时收取营业额 3％的费用。

伍秉鉴画像

伍秉鉴（1769—1843），又名伍敦元，是清末著名的商人。伍秉鉴的父亲伍国莹于乾隆四十八年（1783）创办了怡和洋行，成为参与对外贸易的行商。嘉庆六年（1801），伍秉鉴掌管了怡和洋行的管理权，从此怡和洋行便迅速发展起来，伍秉鉴也成了当时广州行商的领袖——总商。据 2001 年美国《华尔街日报》的统计，近 1000 年来世界上最富有的 50 人中，有 6 名中国人，伍秉鉴就是其中之一。19 世纪中期，伍秉鉴不仅在国内拥有大量房产、茶山、店铺及珠宝，而且还参与了美国铁路的修建，证券的交易，伍秉鉴甚至有前往美国定居的打算。西方学者称他为当时的"天下第一大富翁"。

清廷实行"一口通商"后的最初18年，平均每年到广州贸易的欧洲各国商船仅为21.5艘，在1785年至1795年间，平均每年来广州贸易的商船就达到了57.5艘。1796年至1820年，来广州贸易的外国商船平均每年为76艘；到了1821年至1838年间，平均每年来广州的贸易船只增至110艘。由于清政府实行一口通商，全国各地的货物都要运到广州出口，广州出口的品种多达80余种，其中茶叶、生丝、瓷器、棉布、药材等是最主要的出口货物。

清代广州港出口商品的一个显著变化，就是茶叶取代丝绸成为最重要的出口商品。中国茶叶早在元明时期，便从广州出口贩运到欧洲国家。17世纪初，饮茶风气首先在荷兰兴起；到明崇祯年间，传到法国巴黎；17世纪中叶，喝茶也成为英国人的新风尚；之后，又向东传到了俄国，整个欧洲都掀起了饮茶的风潮，茶叶成为人们不可缺少的日常饮料。17世纪至18世纪，每年仅从广州运往英国的茶叶竟达两万磅，茶叶成了鸦片战争前广东出口量占第一位的商品。

鸦片战争之后开放五口通商，广州港的影响力减弱，广州港的腹地由全国缩小到了岭南地区。得益于长江流域的广阔腹地，上海港迅速崛起，到1853年便超过了广州港成为中国最大的港口。广州港在之后的很长一段时间内一直是全国的第二大港口。

今日广州港

远洋首航——徐闻港

徐闻港位于雷州半岛的最南端，与海南岛隔海相望，今天湛江的徐闻县就是徐闻古港所在地。徐闻港三面环海，航行条件极好，自古就是南方各地通往海南岛的首选之地。同时，徐闻作为汉代海上丝绸之路的始发港，在中国航海史上占据着重要的地位。

汉代海上丝绸之路的起点

徐闻港的兴起，首先倚赖于良好的天然环境。从徐闻港近海海岸的自然条件来看，雷州半岛东部冬季盛行东北风，夏季盛行东南风，海面的风浪很大，这里很难找到良好的港口。但是，徐闻港位于雷州海湾内，避风

汉代徐闻古城遗址

条件好，具有得天独厚的优良条件。而且就南海而言，10月、11月盛行东北季风，12月到2月是鼎盛期；西南季风是5月、6月，7月和8月是鼎盛期。风向和风力又会影响海流的流向，因此出海的时候要等到海流方向适合才能出发，否则就会被冲到其他地方。每年的风向、风力及海流的情况都不尽相同，为了不错过最佳出海时间，最好的办法就是在雷州半岛的一处海港内先等待观察，待条件合适就出海。而徐闻就是极好的观察港。此外，琼州海峡宽窄不一，水深差距很大，是航海的危险区。而且，此处有鲨鱼出没，因此航行都要绕过琼州海峡，从北部湾南下。这也是雷州半岛西部应该有一个港口的理由。徐闻港位于大陆的南端，是当时海外航行的必经之地，也是两汉时我国船舶航向东南亚和印度洋的始发港和海外诸国到达中国的目的港，许多远洋的船舶都会在徐闻港停留以补充淡水和食物。

徐闻是汉代开始兴起的。汉代的造船水平有限，航船不能远离海岸，因此必须将商品集中到某一港口再转运海外。史料记载，三国孙吴以前，和海外各国交往的时候通常都是先中转到某一港口，一般会选择在徐闻、合浦、日南（今越南中部）等地。

此外，徐闻还有良好的政治经济条件。秦始皇统一全国后，锐意经营岭南，修建了灵渠，沟通了中原到岭南的航路，加强了中原与岭南的联系。西汉建立初期，长期轻徭薄赋，与民休养生息，国力渐兴。汉武帝时，一举打败南越王赵佗，后迁移了许多中原人到岭南，带去了大量劳动力和先进的耕种技术，大大促进了岭南的发展，徐闻港也因此得到迅速发展。

秦汉时期是开辟海上丝绸之路并将其发展为远洋航行的时代。汉武帝早年是很有作为的，不但开扩大汉疆域，还注意和境外诸国交往，并且开创了官营的海外贸易。西汉朝廷派出使者率领船队，由海路沿着中南半岛的海岸线，过南洋群岛，抵达印度东南海岸和斯里兰卡等地。公元前1世纪，中国丝绸已成为地中海地区最为珍贵的衣料，其中部分衣料是从海上丝绸之路运到地中海东岸的，外国的香料、金银器、宝石、琉璃器（玻璃）等货物也是从海路运到中国来的。

最早的关于海上丝绸之路的记载

自日南障塞、徐闻、合浦航行可五月，有都元国；又船行可四月，有邑卢没国；又船行可二十余日，有谌离国；步行可十余日，有夫甘都卢国；自夫甘都卢国船行可二月余，有黄支国；民俗略与珠崖相类。其州广大，户口多，多异物。自武帝以来皆献见。有译长，属黄门，与应募者俱入海，市明珠、璧流离、奇石异物、赍黄金杂缯而往。……自黄支船行可八月，到皮宗；船行可二月，到日南、象林界云。黄支之南有已程不国，汉之译使自此还矣。

——《汉书·地理志》卷二十八

丝绸之路

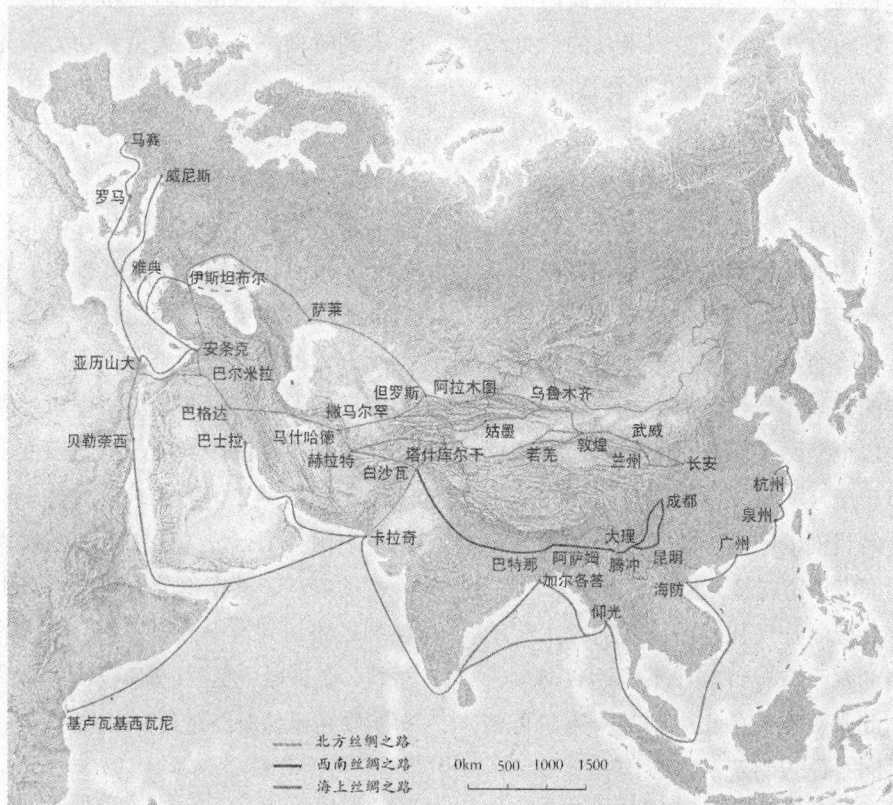

徐闻港出土的汉代
万岁瓦当

汉代徐闻的海外贸易与考古遗存

近些年来由于海上丝绸之路研究越来越热，徐闻古港的研究随之受到关注。同时，湛江境内也相继发现了距今8000年到4000年的文化遗址，出土了丰富的文物，有力地促进了对徐闻古港的研究。20世纪70年代，

广东省考古人员和相关负责单位对出土的汉墓进行了细致的挖掘研究，发掘了51座汉墓，出土了许多陶器、陶珠、铁器、铜器、银饰、珠饰等，还有10枚五铢钱，根据五铢钱上模糊的文字，可辨认此批汉墓属东汉时期。20世纪八九十年代，在汉代徐闻港故址发现了大量汉代的蝇纹板瓦、筒瓦等，还有保存完整的"万岁瓦当"。此

后，徐闻故址附近的村民陆续打捞出象牙、大蚌等，加之之前发现的洋人铜头、网锤、铜碗等，这些都说明了徐闻古港的对外贸易十分发达。

1990年，广东省文物考古部门专家在徐闻故址采获双山纹"万岁瓦当"。1993年，考古部门在此进行大型的探方挖掘，清理出宅基、水井、墓葬，发现大量的文物遗存。附近东岗岭发现大量汉代墓葬，出土了许多带有几何图纹的印纹砖、陶屋、铁釜、

铜鼎、陶罐等。

走向衰落的徐闻古港

徐闻古港在两汉时期达到巅峰，魏晋之后开始走向衰落。衰落的原因是多方面的。

首先是自然条件方面。两汉以后，徐闻港的泥沙含量逐年增多，港口慢慢被淤塞，以至于逐渐丧失了天然海港的优良条件。

徐闻港遗址

自然方面的原因终究是次要的，两汉后期及其后的政治变化才是徐闻港衰落的主要原因。东汉后期，宦官和外戚交替把持朝政，政治黑暗，同时地方官和豪强集团的斗争也愈演愈烈，各方势力集团兼并混战，最终分裂为三国。三国的首要任务是发展自己实力，努力吞并另外两国，放在经济发展上的精力必然减少。此时期交趾国（今越南），趁着中原混乱而趁机造反，攻打徐闻等地，阻断了徐闻等地的对外航线，因此给徐闻港以沉重打击。

再次，新港口的兴起在很大程度上取代了徐闻港等旧有港口。秦通五岭之后，珠江三角洲迅速发展，尤其是番禺（今广州）港的兴起，很大程度上取代了徐闻港。番禺凭借良好的自然条件和政府的扶持，成为西江、东江、北江的货物集散中心，并发展为我国最大的对外贸易港口；加之梅岭孔道的通畅，大大加强了广东与中原的贸易联系。

另外，徐闻港的兴起是因航海技术有限而需要有中转港停留，到两汉之后随着航海技术的迅速发展，船舶吨位增加，抗风打击能力加强，已经不再需要沿岸航行，因此番禺港的地理条件更加适合当时的航行。

最后，远洋航线的改变给了徐闻港又一重大打击。《新唐书·地理志》里明确记载了从广州出发到印度洋的航线，这条航线基本上是从海南岛东部海面出发，经过七洲洋直下南中国海，再通过马六甲海峡到达印度洋。由此可以看出，唐代通用远洋航线已不经过徐闻港，徐闻港兴起的优势条件几乎都失去了，最终的命运只能是越来越衰落。

徐闻港作为汉代海上丝绸之路的始发港，在海上丝绸之路的发展中占据重要地位。两汉时期是徐闻港发展的黄金期，此时期的徐闻港，不仅是货物集散中心、中转港口，在政治上也有一定影响。魏晋以后由于自然条件和社会条件多方面原因逐渐衰落，但是徐闻丰富的出土文物给我们留下了宝贵的物质遗产，同时徐闻港在海上丝绸之路中的作用也是不可磨灭的。

美丽的湛江徐闻港

南珠故郡——合浦港

合浦位于广西壮族自治区的南部，地处北部湾北部海岸，素有"南珠故郡，海角名区"的美誉。合浦的发展，可以上溯到中国古代南方地区的百越文化。从秦代开始，合浦直接受中央王朝管辖，汉代海上丝绸之路开始兴起，合浦港成为海上丝绸之路的重要起点，在中国古代航海史中占有重要地位。

古港初成

古合浦靠近距今约 100 万年的古人类发源地——百色盆地。百色盆地是旧石器时代的遗存，在此发现了距今 2 万年的古人类遗迹。同时，百色盆地与华北地区的旧石器文化，是中国旧石器遗存的两大来源。合浦的发展，必然会受到百色盆地的影响。而

合浦古港遗址

从合浦出土的遗物来看，合浦港的兴起至少可以追溯到距今 10000 年至 4000 年的新石器时代。20 世纪中期，合浦境内曾出土许多新石器的珍贵文物；其中，西沙坡遗址是典型代表，在此出土了石斧、石刀、灰褐陶、红褐陶等遗物。而且出土的文化遗存种类齐全，证明了合浦地区早在新石器时代人类活动就很频繁。记载吴越地方史的《越绝书》曾描述了越人在合浦境内的生产生活境况：以舟为车，以楫为马，形若飘行，去则难从。战国时期，合浦港便已经得到了初步的发展，海外航行初见端倪，出现了造船厂。合浦的良好发展，为后来有名的越人大迁徙奠定了基础。

战国时期的楚国，曾南向进攻岭南地区；与此同时，由于中原地区的长年战乱，也有大量中原人来此定居，这加速了合浦地区的发展。

秦始皇统一中国后，于秦始皇三十三年（前 214），委派监禄（亦称史禄）在岭南地区兴修了中国古代著名的水利工程——灵渠。灵渠的修建，沟通了长江和珠江两大水系，同时也为合浦与中原的交流提供了更加便利的条件，大大促进了合浦港的发展。另外，秦始皇还下令迁移大批中原民众到岭南，其中有部分民众来到合浦。中原移民的到来，为合浦带来了先进的技术，促进了合浦地区经济的发展。

汉代海上丝绸之路

秦汉时期，中国与外国贸易和文化交流的通道——海上丝绸之路开始形成，而合浦港作为中国古代南方的经济重镇，与海上丝绸之路有着极深的渊源。

汉代的合浦，已经发展为北部湾地区的政治、经济、文化中心，是中国南方极其繁荣的大港口。经济繁荣这一点可以从此地区开掘的汉墓随葬品中得到验证。新中国成立之后，合浦县城附近曾先后发掘了 40 余座汉墓，出土了陶器、玛瑙、琥珀、水晶、玉块及黄金首饰等文物 1000 余件。琥珀、玛瑙的产地主要是波罗的海沿岸国家，这说明在当时合浦已经与东南亚甚至古罗马开展对外贸易。

合浦与外国的海上交通和贸易来往十分频繁。汉代的史料中也多次记载了合浦和东南亚各国的贸易场景，

土耳其

陆上丝绸

埃及

霍尔木兹海峡

巴基斯坦

阿曼

印度

索马里

肯尼亚

印

度

合浦港与海上丝绸之路

西安

泉州

合浦　广州

孟加拉

泰国

印度尼西亚

洋

国内外的明珠，水晶、玛瑙、奇石等珍奇都在这里买卖。来往合浦贸易的船队越来越多，并且来自不同的地方。

当时南方开辟了一条通往东南亚与印度洋的海上丝绸之路，起点就在徐闻港以及合浦港等。《汉书·地理志》中就记载了汉武帝时汉朝与印度海上交流的路线。雄才大略的汉武帝平定了岭南地区，曾派船队从合浦出航，前往印度洋沿岸，这就是史书中明确记载的第一条远洋航线。元鼎四年（前113），南越的九真（今越南北部）、日南（今越南中部）二郡派人到合浦向大汉称臣。这说明此时合浦至印度的航线早已开通，这也是我国和印度海上交流有史可考的最早记录，是合浦官方航路的开始。合浦港即中国古代海上丝绸之路的起点。

东汉建立之初，光武帝派大将马援南征交趾。马援带领的军队一路南下抵达合浦，以合浦为据点，征讨交趾。值得一提的是，马援不仅善于带兵打仗，对于港口建设他也有自己的见解。马援征交趾时期的运粮船从广东等地出发，到达水师停驻的合浦港，运粮船经常在乌雷岭附近的海上被风浪击沉，于是马援命令水军开凿了新渠道，沟通了大风江与龙门港的联系，这是我国古代较早的人工建港工程之一。

马援（前14—49），字文渊。汉族，扶风茂陵（今陕西省兴平市窦马村）人，著名的军事家。曾为东汉的统一立下了赫赫战功。在东汉统一后仍继续东征西讨，曾西破羌人，南征交趾。马援官至伏波将军，因功被封为新息侯，被人尊称为"马

马援像

伏波"。其老当益壮、马革裹尸的气概令后人无比崇敬。

经略海外的重要基地

三国至南朝（220—589）时合浦隶属交州，先后由东吴、晋、宋、齐、梁、陈管辖，共300余年。三国时，东吴悉心经营合浦郡的海外贸易，通过发动海上战争控制了南海的海上交通，由此使得合浦的水上交通更胜于前代。两晋至南朝，合浦郡治仍为合浦县，南流江成为连通中原地区和交趾的要道，由此大大地促进了当地港口的发展。东晋时，东南亚各国的朝贡，仍是由海上经合浦前来中国。咸康二年（336），林邑（今越南南部）国王范文连同海外许多小国的商人，携带宝物从海路前来合浦贸易。林邑国西南的扶南国（今柬埔寨），也从海道经日南（今越南中部）、合浦，前来中国进行朝贡贸易。东晋太元年间（379—396），大秦王派使者从波斯湾越过今阿拉伯海和孟加拉湾，穿过马六甲海峡、沿着北部湾北上，由合浦前往中原。可见，两晋时合浦是海外国家前往中国的重要中转点，同时

也在与东南亚和西方国家的海上贸易中占有十分重要的地位。

廉州港与东南亚的对外贸易

隋文帝实现了国家的统一后，合浦经济又逐步繁荣。隋炀帝时曾由此对外用兵，攻打林邑，派使者前往东南亚各国，由海上经合浦前往中原的外国使者和商人更是络绎不绝。唐朝国力强盛，岭南地区的经济加速发展，合浦港与东南亚各国的交往与贸易更为密切。隋唐五代时期，合浦郡曾先后更名为越州、禄州、合州和廉州，南流江这条水路仍是中原出北部湾通往印度半岛的天然水道。此时，由于航海技术的发展，加上南流江下游泥沙的冲积，主要港口逐步移向海门（今廉州镇至冠头岭一带）。

大业三年（607），隋炀帝为宣扬国威，派遣常骏和王君政从南海郡出发，带着大量黄金和丝织品出使赤土（位于马来西亚半岛），受到了赤土国王的盛大接待。归国时，赤土国王派使者那邪加带着珠宝和龙涎香，随同常骏前来中国。赤土使者随同常骏经交趾，取道合浦，沿南流江北上，到达中国并拜见隋炀帝。此后，两国以"朝贡"和"回赐"形式进行海上贸易。隋朝通过这种方式大大加强了与东南亚国家的海上交通和贸易往来。繁荣的海外贸易、便利的水上交通、安定的周边环境，大大促进了合浦沿海港口的发展。

唐朝前期经济繁荣、社会稳定，出现了太平盛世的景象。此时，合浦更名为廉州，先后隶属容州都督府和安南都护府。由于廉州是中原通往安南的要道，唐朝开辟了由长安经荆州、襄阳、长沙，沿湘江溯流而上，过灵渠，沿桂江，入西江，过桂门关，沿南流江到达廉州，再从港口乘船从海道到达安南的交通干线。林邑（今越南中部）等东南亚国家向唐朝进贡也一定要经过廉州，当时的廉州港是我国对外贸易的重要商港。

合浦地区是我国重要的珍珠产地，有着2000多年的采集珍珠的历史。合浦珍珠产于玳瑁池、珠母池、杨梅、平江、白龙等7个天然珍珠池，其中前4个珍珠池均在今天北海港区域内。合浦珍珠又被称为南珠、廉珠和白龙珍珠，有着"掌握之内，价盈兼金"之说。它以细腻器重、玉润浑圆，粒

合浦珍珠

大凝重、瑰丽多彩、晶莹圆润、皎洁艳丽、光泽经久不变等特点闻名于世。有着"东珠不如西珠，西珠不如南珠"的美誉。故宫博物院里所珍藏的珍珠大多为合浦珍珠。慈禧太后的珍珠凤冠上镶嵌的数千颗珍珠也是产于合浦。

珍珠是合浦地区货物交流中最贵重的商品之一，当地百姓依靠采集珍珠而养活全家。商人将珍珠从廉州贩卖到到京师长安，可获利10余倍。因而，中原的商贾纷纷来此，一方面贩卖珍珠，另一方面由此到安南与外国人贸易。东南亚各国的商人也垂涎廉州的珍珠，来此采购，这就促进了廉州港的兴旺发展。

宋朝建立后，统治者一度放松了对廉州一带采珠业的控制，采取了较为宽松的政策，允许民间自由采珠与贸易。宋大中祥符三年（1010），交趾黎王派遣使者到中国，请求互市，北宋朝廷准许在廉州及钦州互市。除了这种边境地区的互市贸易之外，中国与安南也通过"朝贡"的方式进行双边贸易。由于"朝贡"贸易的不断发展，廉州与安南的民间贸易日益兴旺。中国商人大多从江南运来丝织品，然后运到廉州来交换外国商人的香料。由于前来贸易的商船很多，宋朝政府在廉州设立了具有市舶司职责的巡检司，负责管理对外贸易及征收税务。

北宋大中祥符三年（1010）到祥兴二年（1279）南宋灭亡的200余年间，安南派出的使者从廉州、钦州登陆前往中国朝贡达40余次，宋朝也派出使者回访，并赠予安南各种礼品。宋代曾先后四次册封安南王，两国长时间处于十分友好的关系。两宋时期廉州港由于其优越的地理位置，便利的海陆交通，加上政府的有效管理，廉州港呈现出繁盛景象，在加强宋朝与东南亚各国的海上交通和对外贸易等方面发挥了巨大作用。

元代至元年间，元世祖忽必烈为了控制南海地区的海上通道，打通与印度的海陆交通，以廉州沿海港口作为水军基地进攻占城。不久之后，其国王以书投降，占城恢复了与廉州的海上交通和贸易。随着元朝招抚海外，各国通过"朝贡"形式与中国进行贸易。贡品主要为苏合油、金银、朱砂、沉香、犀牛角、玳瑁、珍珠、象牙等。这些供品大多在廉州港集散，销往内地。廉州对外贸易的发展，客观上刺激了当地手工业的商品生产。延祐四年（1317），元仁宗下令废除市舶提举司，重新设立廉州采珠提举司。这个机构专门向合浦县沿海珠民征集珍珠，上贡中央，但也兼有市舶司的性质。当时，廉州采珠提举司令廉州的"疍户"数千艘船舶，在今北海港至铁山港一带的天然珠池采珠，然后运往京师。由于利润巨大，除了官办，民间商人也从事采珠业，并将采集的珍珠通过海路销往各地，因而促进了廉州的商业和港口的发展。

元末国势衰弱，与东南各国的交流骤减，海上交通也大受影响，廉州港的对外贸易便日趋衰落了。明清时期由于实行闭关锁国，对外贸易被限

定在几个主要口岸，清代更是实行广
州一口通商，廉州港逐步沦落为普通
的内贸港口。

今日合浦风光

后记

星罗棋布的大小港口促进了中国古代的近海贸易，南南北北的商人操着不同的口音在港口附近的集市上叫卖着各地的土特产，既改善了沿海地区人民的日常生活，又促进了附近地区的经济发展。

浩瀚的大海阻隔不了中国与海外各国的联系。通过海上丝绸之路，中国古代就已经与亚洲、欧洲、非洲等地区的人民交往和贸易。一艘艘载满丝绸、瓷器、茶叶的中国船只从中国沿海港口出发驶向世界各地，而来自东南亚的香料、来自阿拉伯的药材、来自非洲的奇珍异宝也源源不断地在我国沿海港口卸货登记，再运往京师及全国各地。依赖发达的航运技术和港口设施，世界变得越发紧密。

中国古代港口基于特定的地理位置，在政治经济形势中形成了大小不等的港口群，从而提高了我国的水上防御实力，有效地维护了我国古代的海上安全与海上权益。

今天，21世纪海上丝绸之路已经重启征程，那些有着灿烂历史同时又肩负着巨大使命的港口，正在书写着更大的传奇！

图书在版编目（CIP）数据

古港春秋 / 盖广生主编 . – 青岛 : 中国海洋大学
出版社 , 2017.3 （2017.12 重印）
（中国海洋符号 / 盖广生总主编）
ISBN 978–7–5670–1116–8

Ⅰ . ①古... Ⅱ . ①盖... Ⅲ . ①港口 – 历史 – 中国
Ⅳ . ① U659.2

中国版本图书馆 CIP 数据核字 (2016) 第 072388 号

古港春秋

出 版 人	杨立敏		
出版发行	中国海洋大学出版社有限公司		
社　　址	青岛市香港东路23号		
责任编辑	郑雪姣　　电话　0532–85901092		
图片统筹	韩洪祥		
装帧设计	石　盼　王谦妮　陈　龙		
插　　图	王谦妮		
印　　制	日照日报印务中心	邮政编码	266071
版　　次	2017年3月第1版	电子邮箱	cbsebs@ouc.edu.cn
印　　次	2017年12月第2次印刷	订购电话	0532 – 82032573（传真）
成品尺寸	185 mm × 225 mm	印　　张	10
字　　数	150千	印　　数	1–5000
书　　号	ISBN 978-7-5670-1116-8	定　　价	32.00元

发现印装质量问题，请致电0532-88785354，由印刷厂负责调换。